Anne-Ev Ustorf

Wir Kinder der Kriegskinder

Das Buch
Ihre Eltern waren Kinder im Zweiten Weltkrieg. Bombenhagel; Zerstörung und Flucht haben viele erlebt. Das wirkt nach – auch auf die eigenen Kinder, die heute zwischen 30- und 50-Jährigen: Da ist das Gefühl, sich nicht verwurzeln zu können, die eingeimpfte Sparsamkeit oder das übergroße Sicherheitsbedürfnis der Eltern – Familiengeschichte wirkt lange weiter. Der Bericht über das Lebensgefühl einer ganzen Generation, die im langen Schatten des Krieges aufwuchs.

„Dieses Buch hat das Potenzial, Familienbeziehungen zum Positiven zu verändern. Denn Verständnis ist die Voraussetzung für Versöhnung." (Ursula Nuber, Psychologie heute)

Die Autorin
Anne-Ev Ustorf, geb. 1974, studierte Geschichte und arbeitet als freie Journalistin. Sie schreibt regelmäßig für Magazine wie Psychologie Heute, Brigitte, Brigitte Women, Emotion Süddeutsche Zeitung und den Spiegel.

Anne-Ev Ustorf

Wir Kinder der Kriegskinder

Die Generation
im Schatten des Zweiten Weltkriegs

FREIBURG · BASEL · WIEN

HERDER spektrum Band 6212

4. Auflage 2013

© Verlag Herder GmbH, Freiburg im Breisgau 2008
ISBN 978-3-451-29814-1

© Verlag Herder GmbH, Freiburg im Breisgau 2010
Alle Rechte vorbehalten
www.herder.de

Umschlagkonzeption und -gestaltung:
R·M·E Eschlbeck/Hanel/Gober
Umschlagmotiv: © Keystone/Keystone Pressedienst
Foto: © privat

Satz: Dtp-Satzservice Peter Huber, Freiburg
Herstellung: CPI – Clausen & Bosse, Leck

Printed in Germany

ISBN 978-3-451-06212-4

Für meine Familie

Inhalt

Einleitung 9

1. Die Kriegskinder
   Starke Eltern, schwache Eltern 17

2. Verlorene Heimat
   Sich nirgendwo zu Hause fühlen 41

3. Ein Leben in Sicherheit und frei von Mangel
   Von dem Wunsch nach persönlicher Entwicklung
   und Selbstverwirklichung 67

4. Kein Platz für Gefühle
   Lernen, Ängste und Wünsche wahrzunehmen
   und darüber zu sprechen 91

5. Scham und Schweigen
   Wie sexuelle Übergriffe die Familiengeschichte prägen .. 107

6. Ein schwieriges Erbe
   Wenn die Last der Geschichte besonders schwer ist 125

7. Schuld und Täterschaft
   Was der dritten Generation zu tun bleibt 153

8. Resilienz und Verarbeitung
   Was bei der Bewältigung der eigenen Geschichte hilft . . 165

Ausblick: Kriegskinder in Deutschland heute 173

Dank 183

Literaturverzeichnis 185

Einleitung

Als Günter Grass im Jahr 2002 sein Werk *Im Krebsgang* veröffentlichte, brach er ein Tabu: In seiner Novelle schilderte Grass den Untergang des Kraft-durch-Freude-Passagierschiffes Wilhelm Gustloff und richtete den Blick erstmals explizit auf das Leid der deutschen Bevölkerung während des Krieges. Damit schnitt der Literat ein Thema an, das bis dahin in der Öffentlichkeit kaum diskutiert worden war. Grass, 1927 in Danzig geboren und selbst in Kriegszeiten aufgewachsen, hatte dies stets verurteilt: „Niemals hätte man über so viel Leid, nur weil die eigene Schuld übermächtig und bekennende Reue in all den Jahren vordringlich gewesen sei, schweigen, das gemiedene Thema den Rechtsgestrickten überlassen dürfen", ließ er in seiner Novelle den Erzähler reflektieren. Mit dieser Einstellung traf der Schriftsteller offensichtlich einen Nerv: Innerhalb weniger Wochen waren 300.000 Exemplare von *Im Krebsgang* verkauft.

Seitdem sind viele Autoren seinem Beispiel gefolgt und haben die Erlebnisse der Deutschen während Flucht, Vertreibung und Bombenkrieg in Sachbüchern, Artikeln und Fernsehsendungen geschildert. Inzwischen ist das Thema sogar spielfilmtauglich: TV-Produktionen wie *Die Flucht* und *Die Gustloff* belegen dies. Auch der israelische Psychologieprofessor Dan Bar-On sieht die aktuelle Auseinandersetzung mit den eigenen Kriegs- und Fluchterfahrungen als wichtigen Schritt im Heilungsprozess der deutschen Gesellschaft: „Die eigenen Verluste aufzuarbeiten und zu trauern ist enorm wichtig", erklärt er mir in einem Interview. „Nachdem dies in Deutschland geschehen ist, wird vielleicht wieder die Energie da sein, um einen genaueren Blick auf die Involvierung deutscher Familien in den Holocaust zu wagen."

Erst durch diese Auseinandersetzung schien es möglich, auch das Leid der deutschen Kriegskinder ins Blickfeld zu nehmen. Geboren zwischen 1927 und 1947, wuchsen die Kriegskinder in einer Zeit auf, die eine Vielzahl potenziell traumatisierender Erfahrungen für sie bereithielt: Gerade in den letzten Jahren des Krieges bestimmten Bombenangriffe, Flucht, Vertreibung und Hungersnot den Alltag der Kinder. Vor allem in emotionaler Hinsicht kamen viele Kriegskinder zu kurz: Angesichts der harten Zeiten blieben ihre kindlichen Bindungs- und Geborgenheitsbedürfnisse oft nur unzureichend beantwortet. Und auch in den ersten Nachkriegsjahren ging es in vielen Familien vorrangig darum, irgendwie zu überleben. Heute sind die Kriegskinder 60 bis 80 Jahre alt und leiden an den Folgeerscheinungen ihrer Kindheitserfahrungen. Sie klagen über Flashbacks (ein blitzartig wiederkehrendes Erleben früherer Gefühlszustände), Ängste, psychosomatische Beschwerden, Depressionen und Beziehungsschwierigkeiten. Psychologischen Studien zufolge leiden 30 Prozent von ihnen an einer posttraumatischen Belastungsstörung. Viele haben ihre Erfahrungen nie aufarbeiten können – erst jetzt füllen sich die psychologischen Praxen mit Kriegskindern, die Hilfe suchen und ihre Erlebnisse mitteilen wollen. Forschungsprojekte über die Langzeitwirkungen kindlicher Kriegserfahrungen sollen nun Aufschluss darüber geben, wie genau sich die kindlichen Kriegserfahrungen auf die Biographien der Betroffenen ausgewirkt haben.

Doch was haben die Kinder der Kriegskinder mit den Erfahrungen der Eltern zu tun?

In der Forschung ist längst bekannt, dass traumatische oder belastende Erfahrungen, wenn sie nicht aufgearbeitet wurden, auf die nächste Generation übertragen werden können – man nennt diesen Prozess „transgenerationale Weitergabe". Bereits 1913 beschrieb Sigmund Freud in *Totem und Tabu* dieses Phänomen: „Wir dürfen annehmen, dass keine Generation imstande ist, bedeutsamere seelische Vorgänge vor der nächsten zu verbergen."

In den 1970ern und 1980ern stellten Holocaust-Forscher fest, dass auch die Kinder der KZ-Überlebenden an seelischen Problemen litten, die unmittelbar mit den traumatischen – dabei aber oft verschwiegenen – Erfahrungen der Eltern zusammenhingen. Ähnliche Modelle der transgenerationalen Weitergabe erkannten Psychologen später bei den Kindern der Vietnam-Krieg-Veteranen und den Kindern von Kriegsflüchtlingen, zum Beispiel aus dem Kosovo. Es liegt nahe zu vermuten, dass auch die deutschen Kriegskinder ihre Traumata mitunter unbewusst an ihre Kinder weitergegeben haben. Denn auch die Kriegskinder konnten ihre Erfahrungen meist nicht aufarbeiten – die schwierigen Nachkriegsjahre, Schuld- und Schamgefühle und auch das noch nicht ausgebildete Langzeitgedächtnis der besonders jungen Kriegskinder verhinderten eine konkrete Beschäftigung mit dem Erlittenen.

Als ich mit Mitte 20 eine Psychoanalyse begann, setzten bei mir wiederkehrende Träume mit immer gleichen Inhalten ein: Ich träumte von zerbombten Städten und brennenden Ruinen, von fünfköpfigen Familien, die inmitten der Trümmer saßen und am ganzen Körper Kriegsverletzungen aufwiesen. Und ich entwickelte eine Obsession: Als Journalistin begann ich, über die Schicksale in Deutschland lebender Flüchtlingskinder zu arbeiten, wieder und wieder, bis ich kaum noch in der Lage war, andere Aufträge anzunehmen. Meine unablässigen Versuche, Anerkennung für die Leidenserfahrungen der Kinder aus Afghanistan oder Serbien zu erlangen, brannten mich aus. Zu verstehen begann ich erst ein paar Jahre später. Die Debatte um das Leid der deutschen Bevölkerung während des Krieges und die Erfahrungen der Kriegskinder ließen mich auch über die Geschichte meiner Eltern nachdenken. Wenige Tage nach Kriegsende geboren, waren auch ihre Kindheiten von Hunger, Armut, Zukunftsängsten und

Unsicherheit geprägt. Hinzu kam in der Familie meiner Mutter kurz vor dem Mauerbau noch eine traumatische Flucht von Ost- nach Westdeutschland mit monatelangen Aufenthalten in Flüchtlingslagern und anschließendem mühsamen Neuanfang in der Nachkriegs-BRD. Erst in meiner Analyse begann ich zu spüren, welch materielle und emotionale Entbehrungen meine Eltern hatten hinnehmen müssen – und wie sich diese wiederum auf uns drei Kinder ausgewirkt hatten. Hinter der emotionalen Unerreichbarkeit meiner Eltern, hinter ihrem unbedingten Leistungswillen und ihrer offensichtlichen Stärke verbargen sich Ängste und Bedürftigkeit. Wir Kinder hatten eine Menge davon auffangen müssen – obwohl wir doch selbst stets gefordert waren zu funktionieren. In der Psychotherapie lernte ich, meine eigenen Gefühle besser spüren und mitteilen zu können. Erst als ich begann, mich bewusst mit der Geschichte meiner Eltern, speziell der meiner Mutter, auseinanderzusetzen, ließ der innere Zwang nach, mich mit den Schicksalen der in Deutschand lebenden Flüchtlingskinder zu beschäftigen.

Die Kriegsverletzungen, die mir im Traum so deutlich erschienen waren, hatten bei meinen Eltern und auch bei uns Kindern deutliche Spuren hinterlassen.

Inzwischen weiß ich, dass es auch anderen Kindern von Kriegskindern so geht. Ich begann zu recherchieren und stellte schnell fest, dass auch andere Männer und Frauen der „dritten Generation", geboren etwa zwischen 1955 und 1975, geprägt sind von den kindlichen Kriegserfahrungen ihrer Eltern. Auch sie haben Gefühle übernommen, Ängste geerbt, Rollen eingenommen, die in Bezug stehen zu den Kriegserlebnissen ihrer Eltern. „Die Eltern zu erlösen, das war meine Aufgabe", erklärt einer meiner Gesprächspartner.

Wir sind eine Generation, deren Lebensgefühl geprägt ist von emotionalen Erfahrungen, die gut 60 Jahre zurückreichen: die Heimatlosigkeit, das Gefühl, sich nirgends verwurzeln zu können, die eingeimpfte Existenzangst, Bindungsschwierigkeiten, Identitätsverwirrungen und vor allem das Gefühl, bei den Eltern etwas wieder gutmachen zu müssen ... all das sind oft Folgen der elterlichen Kriegs-, Flucht- und Vertreibungserfahrung.

Doch mehr als alles andere hat uns wohl die emotionale Sprachlosigkeit in unseren Familien geprägt. In der emotionalen Fremdheit zwischen den Generationen erkennen die Psychoanalytiker Hartmut Radebold und Werner Bohleber einen der wichtigsten Gründe dafür, dass heute so viele Kinder von Kriegskindern in Psychotherapie sind:

„Die Kinder der Kriegskinder repräsentieren mittlerweile die dritte (jetzt indirekt) kriegsbetroffene Generation. Viele von ihnen befinden sich zurzeit in psychotherapeutischer Behandlung. Sie vermitteln inzwischen zunehmend deutlicher, welche Folgen diese – ihnen allerdings oft unbekannte – Kriegskindheit ihrer Eltern hatte und noch hat." (Radebold / Bohleber / Zinnecker: *Transgenerationale Weitergabe kriegsbelasteter Kindheiten*). Insbesondere der Widerspruch zwischen materieller Verwöhnung und psychischem Desinteresse der Eltern sei für die Kinder belastend, schreiben die Autoren.

In diesem Buch möchte ich anhand einer Reihe von – namentlich anonymisierten – Lebensgeschichten zeigen, auf welch unterschiedliche Art und Weise die Kriegserfahrungen der Eltern noch heute im Leben ihrer Kinder Gestalt annehmen. Meine Gesprächspartner, alle zwischen 1955 und 1975 geboren, berichten von ihrem Bemühen nach Abgrenzung zur Geschichte der Eltern und der Suche nach der eigenen Identität. Sie beschreiben ein Gefühl der Wurzellosigkeit, das in Flüchtlings- und Vertriebenenfamilien mitunter bis in die dritte Generation wirkt und auch bei ihnen eine Identifikation mit der neuen Heimat im Westen verhinderte. Sie schildern ihr Bemühen, ein Leben zu führen, das für die von Verlust geprägten Eltern möglichst wenig belastend ist, aber gleichzeitig ihrem Bedürfnis nach Selbstverwirklichung entgegenwirkt. Sie berichten von der emotionalen Unerreichbarkeit der Eltern und erklären, wie sie erst nachträglich lernten, die eigenen Gefühle wahrnehmen und mitteilen zu können. Auch die Folgen sexueller Übergriffe während Flucht und Vertreibung sind ein Thema – meine Gesprächspartnerinnen erzählen, wie die Erlebnisse der Eltern und deren Einstellung zu Sexualität allgemein noch das Beziehungsleben ihrer Kinder prägten. Und sie sprechen darüber, welche Kreise die Verstrickung eigener Familienmitglieder in die Taten der Nationalsozialisten noch bei den kommenden Generationen zog.

Es ist mir wichtig zu betonen, dass es in diesem Buch nicht um Schuldzuweisung oder Anklage der Kriegskindergeneration geht, sondern um ein tieferes Verständnis der Erfahrungen und Verhaltensweisen unserer Eltern – und gleichzeitig um ein besseres Verständnis für die eigene Lebensgeschichte. Denn wenn es uns gelingt, eine Auseinandersetzung mit der eigenen Familiengeschichte zu führen und so die eigenen Prägungen zu erkennen, dann müssen wir sie nicht an unsere Kinder weiterreichen. Schließlich wären die Enkelkinder der Kriegskinder dann nämlich bereits die vierte indirekt kriegsbetroffene Generation. Schon vor den Kindern der Kriegskinder (ca. 1955–1975) und den Kriegskindern (ca. 1927–1947) gab es eine kriegsbetroffene Generation: Die Eltern der Kriegskinder, selbst Kriegskinder des Ersten Weltkrieges (1914–1918). Auch sie waren möglicherweise bereits geprägt von kindlichen Verlust-, Trauer- und Mangelerfahrungen, die ihrerseits Schatten auf die kommenden Generationen geworfen haben mögen. Die Zeit heilt eben nicht alle Wunden.

Heute, nach gut 60 Jahren Frieden, können wir uns daranmachen, die seelischen Folgen der Kriegsjahre aufzuarbeiten. Genug Zeit ist verstrichen, um frei von ideologischen Debatten einen Blick auf das eigene erlittene Leid und dessen Bedeutung auch für die nachfolgenden Generationen zu werfen. Vielleicht können wir so auch den „Graben zwischen den Generationen", den viele meiner Gesprächspartner so deutlich spüren, besser verstehen. Es ist mein Wunsch, dass dieses Buch dazu beiträgt, einen Dialog zwischen den Kriegskindern und ihren Kindern in Gang zu setzen. Besser früher als später, denn viel Zeit bleibt unter Umständen nicht mehr: Die ältesten Kriegskinder haben die 80 bereits überschritten. Es lohnt sich, miteinander ins Gespräch zu kommen. Denn bevor wir uns versöhnen können, müssen wir einander erst verstehen lernen.

1. Die Kriegskinder
Starke Eltern, schwache Eltern

Das „Tosen des Krieges"

Die Sonne scheint, fröhlich singend sitzen mein Bruder und ich auf dem Rücksitz des Opel Kadett meiner Großeltern. Wie so oft haben wir gemeinsam ein Wochenende auf dem Land verbracht, in einem kleinen Holzhäuschen am Rande eines Rapsfeldes in der Nähe von Bad Segeberg. Schon seit Jahren genießen meine Großeltern dort ihre freien Tage, oft mit meiner Uroma im Schlepptau, und entfliehen so der Enge ihrer Hamburger Stadtwohnung. Wir lieben diese Wochenenden in der Natur. Hinter dem Häuschen baut meine Großmutter Kartoffeln, Karotten und Salat an, und nichts begeistert uns Kinder mehr, als ihr zu helfen, das Gemüse zu ernten und es anschließend gemeinsam zu essen. Am Ende des Grundstücks, zur kleinen Landstraße hin, dann das Revier meines Großvaters: Zwei Bienenstöcke in einem kleinen Kiefernwäldchen. Stundenlang sitzt mein Opa dort auf einem Hocker, raucht Zigarillos und beobachtet seine Bienen. Schon als Kind frage ich mich oft, worüber genau der schweigsame Mann die ganze Zeit nachdenkt.

Nachdem meine Großeltern uns zu Hause abgeliefert haben, summen mein Bruder und ich die Lieder, die wir während der Autofahrt gesungen hatten, noch weiter: „Schwarz-braun ist die Haselnuss" und „Heho, spannt den Wagen an" sind unsere Favoriten. Als meine Mutter uns hört, bringt sie uns sofort zum Schweigen. „Singt das nie wieder!", weist sie uns an und murmelt dann kopfschüttelnd. „Dass Mutti immer noch ihre Lieder aus dem Arbeitsdienst singen muss." Mein Bruder und ich haben das

Gefühl, uns für etwas schämen zu müssen – nur wofür, das wissen wir nicht genau. Erst ein halbes Jahrhundert später begreife ich, dass für meine Großeltern in den Kriegsjahren, den Jahren ihrer Jugend, der wohl schönste und gleichzeitig auch fürchterlichste Abschnitt ihres Lebens stattfand. Beim Auflösen ihrer Wohnung finde ich Tagebücher, Fotoalben, Ahnenpässe, Verwundetenabzeichen und Soldbuch-Auszüge aus NS-Zeiten, sorgfältig in Ordnern archiviert. Von der Zeit „unter Adolf", wie sie oft sagten, hatten sie sich offensichtlich nie ganz verabschiedet.

Mein Großvater, 1918 in Mecklenburg geboren, hatte 14 Jahre lang Tagebuch geführt, von 1928 bis 1943. Seine Einträge reichen von seinen Sommer- und Winterlagerfahrten mit verschiedenen nationalen Jugendgruppen als zehnjähriger Knirps bis hin zu seinen Luftwaffeneinsätzen in Russland und Rumänien im Jahr 1943 und dokumentieren eindrucksvoll, wie die nationalsozialistischen Jugendorganisationen ihre jungen Mitglieder zu prägen vermochten. Im Tagebuch meines halbwüchsigen Großvaters dominieren eingeklebte Schwarz-Weiß-Drucke, die Jungen in kämpferischen Positionen zeigen, darunter handschriftlich sorgfältig kopierte Zeilen wie „Weil wir sterben müssen, sollen wir tapfer sein". Ab 1938 finden sich auch Hakenkreuze in seinem Tagebuch, parallel zu seinem beginnenden Landdienst in Mecklenburg, während dessen er inbrünstig hofft, endlich zur Wehrmacht einberufen zu werden: „Nun muss die Entscheidung fallen", schreibt er 1939. „Nach unserem vergeblichen Harren, nach Ostpreußen oder nach Oberschlesien zu kommen, muss jetzt eine Klärung kommen." Kurze Zeit später wird er zur 22. Staffel des Flieger-Ausbildungsregiments in Güstrow einberufen. Zeilen über Zeilen von nationalsozialistischen Gedichten und Liedertexten dokumentieren diesen neuen Lebensschritt. In den kommenden drei Jahren führt ihn seine Position als Mechaniker der Transportstaffel des IV. Fliegerkorps monatelang nach Brüssel und Paris. Diese Jahre scheinen für ihn voller Abenteuer zu sein:

Sauftouren mit seinen Kumpels und humorvolle Beschreibungen des Fliegeralltags dominieren seine Erinnerungen. Kein kritischer, besorgter Gedanke findet Eintrag in sein Tagebuch – oder vielleicht behält er solcherart Reflexionen lieber für sich? Andere Aufzeichnungen scheinen dagegen zu sprechen. Als er in Brüssel beobachtet, wie die Bevölkerung angesichts der deutschen Besatzer panisch die Stadt verlässt, schlussfolgert er: „Noch immer strömen Flüchtlinge durch die Straßen. Oh, welch ein Elend. Wieder hat die Bevölkerung der feindlichen Propaganda das Wort Barbaren geglaubt." Auch während seines einjährigen Dienstes in Paris von Juni 1940 bis Juni 1941, „der schönsten Stadt der Welt", findet mein mittlerweile 23-jähriger Großvater nichts dabei, einer aggressiven Besatzungsmacht anzugehören. Wie ein Tourist zieht er mit seinen Kameraden durch die Straßen der Stadt, bewundert die Architektur, kehrt in Kneipen und Restaurants ein, besucht Kinos, das Theater oder die Oper. „An uns zieht das Leben der Franzosen vorbei", schreibt er. „Wie viel Spaß macht es uns, in diesen Zeiten uns hier zu tummeln." Vom Leiden der Zivilbevölkerung, den Judenverfolgungen, der Willkür und Gewalt der deutschen Besatzer – kein Wort. Er ist überzeugt von seiner Mission: „Oft wird mir das Herz groß, wenn wir über die Schlachtfelder von 1914–1918 fliegen", schreibt er 1941. „Dieser Krieg hat alles wieder gut gemacht. Zur Heimat könnte uns dieses Land nie werden, es fehlen die Seen und Wälder. Der Atlantik dagegen ist anders."

Nach Paris werden die Einträge sporadischer, für meinen Großvater geht es weiter nach Rumänien und wenig später nach Russland. Manchmal klingen vorsichtige Klagen über die bittere Kälte im Osten an, über Ratten in den Zelten und Verluste unter den Kameraden. Im Jahr 1943 enden die Tagebucheinträge mit dem Gedicht: „Niemand weiß, wie lange das Tosen dieses Krieges noch dauern wird / Drum will ich den Sang beschließen / Niemand wird heut schon wissen, was die Zukunft gebiert / Aber: Trotzdem blühen Rosen."

Aus seinem Soldbuch geht hervor, dass er in den kommenden zwei Jahren an drei Gefechten teilnimmt und in der rechten Brust durch einen Granatsplitter verwundet wird – doch er hat Glück, der Großteil des Splitters bleibt in einem Fotobüchlein mit Familienbildern stecken, welches er stets in seiner rechten Brusttasche aufbewahrt. Seine letzten Kriegsstationen sind das Lazarett Bad Bramstedt und Elmendorf im Ammerland, wo er an aussichtslosen Kämpfen gegen die Alliierten teilnimmt. Im Mai 1945 wird er von den Briten verhaftet und als Kriegsgefangener zum Arbeitsdienst auf einem Hof in der Nähe von Stade verurteilt.

Wie mag es meinem Großvater ergangen sein, als er im Februar 1946 endlich nach Schwerin zurückkehrte? Vermutlich war er froh, den Krieg überlebt zu haben. Wie seine Heimatstadt mag aber auch sein Weltbild in Trümmern gelegen haben. Er kam zurück als Besiegter – und blühende Rosen waren nirgends zu sehen. Stattdessen seine junge Frau Käthelies mit seiner Erstgeborenen auf dem Arm, meiner Mutter Annegret, die am 21. Mai 1945 zur Welt kam und ein dünnes Baby war. Auch meiner Großmutter, 1922 geboren, wird es in dieser Zeit vermutlich nicht besonders gut gegangen sein. Abgesehen von den existenziellen Nöten der Nachkriegszeit im besetzten Schwerin, dem als traumatisch erlebten Einmarsch der Russen und dem langen Bangen um ihren Mann, von dem sie seit Kriegsende kein Wort gehört hatte, war es vermutlich auch für sie nicht leicht, zu den Besiegten zu gehören. Sie hatte im BDM als Jungführerin mit Begeisterung in diversen Ernte- und Arbeitsdienstlagern gedient. Ein Fotoalbum belegt diese Zeit: Meine junge Großmutter beim Kartoffelsammeln, beim Heuernten und bei Sommerfesten, uniformiert, meist gut gelaunt inmitten einer Schar gleichaltriger Mädchen. Im Hintergrund fast immer: Die Hakenkreuzflagge. Wie eine ausgedehnte, fröhliche Klassenfahrt wirken die Bilder dieser Jahre auf mich. Vom Grauen des Nationalsozialismus keine Spur. Doch auch dieses Album endet im Jahr 1943. Danach: Nichts mehr.

Im Krieg geboren

Als das „Reich" in Trümmern lag, war mein Großvater 27 und meine Großmutter 23 Jahre alt. Wie mag es in ihnen ausgesehen haben? Waren sie erschüttert vom Zusammenbruch des nationalsozialistischen Regimes, von der Enttarnung der Helden ihrer Jugend als millionenfache Kriegsverbrecher? Oder waren sie einfach nur froh, überlebt zu haben?

Der Sozialwissenschaftler Stephan Marks beschreibt in seinem Buch *Warum folgten sie Hitler?* den Nationalsozialismus als kollektiven Rauschzustand, der eine suchtartige Abhängigkeit auf seine Anhänger ausübte – und erklärt so das „schwarze Loch", in das viele „Berauschte" nach der Niederlage fielen.

Ob auch meine Großeltern in so ein „schwarzes Loch" fielen, werde ich nie erfahren – inzwischen sind beide verstorben. Sicher ist jedoch, dass für sie eine mühsame Zeit der Neuorientierung begann. Mein Großvater besuchte eine Lehrerfortbildung und erhielt Ende 1946 eine Anstellung an einer Dorfschule in der Nähe von Schwerin. Bezahlt wurde er überwiegend in Naturalien, so dass die Familie zumindest keinen Hunger leiden musste. Nutzten meine Großeltern aber die langsam einkehrende Ruhe, um sich kritisch mit ihrer unmittelbaren Vergangenheit auseinanderzusetzen? Wenn wir ihren nostalgischen Erzählungen über die Zeit „unter Adolf" glauben schenken dürfen, dann taten sie dies weder zu diesem Zeitpunkt noch später.

Der 1928 geborene Journalist Heinrich Jaenecke beschreibt die so genannte Stunde Null nach Kriegsende als „den großen Schlussstrich, den die Mehrheit der Deutschen unter das Kapitel Hitler zog – eine Amputation des Bewusstseins, die die ‚Vergangenheit', wie die Umschreibung für das ‚Dritte Reich' lautete, aus dem Gedächtnis löschte. Man glaubte, sie damit los zu sein wie ein krankes Glied, das der Chirurg entsorgt" (Jaenicke: „Die Stunde Null", in: *GEO EPOCHE*, Nr. 9). Die Psychoanalytiker

Alexander und Margarete Mitscherlich widmeten sich diesem Phänomen in ihrem Buch *Die Unfähigkeit zu trauern* und beschrieben, wie es den Deutschen nach dem Krieg weder gelang, um das Leid ihrer Millionen Opfer noch um die eigenen Schmerzen und Verlusterfahrungen zu trauern. Diese doppelte Unfähigkeit zu trauern führte sogar zu „einer Panzerung gegen Gefühle überhaupt", glaubt der Bremer Psychoanalytiker und Publizist Hans-Jürgen Wirth (Wirth: *Kriegskinder an der Macht*).

Auch bei meinen Großeltern mag dies der Fall gewesen sein. In den Jahren nach dem Krieg arbeiteten sie hart, um mit ihren drei Töchtern überleben zu können – aber über Emotionen wurde in dieser Familie, wie in so vielen anderen deutschen Familien, kaum mehr gesprochen. Reflexion, Auseinandersetzung, Innehalten: Das sind und waren Fremdworte. Es galt, stets zu funktionieren.

Als traumatisch wurde das Kriegsende auch auf Seiten meiner Großeltern väterlicherseits erlebt. Durch einige glückliche Fügungen überlebte mein Großvater den Krieg als U-Boot-Mechaniker in Königsberg und Kiel. Er lag mit Mandelentzündung im Lazarett in Kiel, als sein U-Boot torpediert wurde und mit der gesamten Besatzung an Bord sank. Im Jahr 1941 war sein ältester Sohn, mein Onkel, unehelich zur Welt gekommen. Die Eltern meiner damals erst 18-jährigen Großmutter empfanden die Schande als so groß, dass die Schwangerschaft vor den Nachbarn versteckt werden musste. Meine Großmutter wurde in ein Heim für gefallene Mädchen nach Berlin gebracht, um dort in aller Heimlichkeit ihr Kind auszutragen. Nach fünf Wochen türmte sie aus dem Heim und schaffte es zurück nach Hamburg, wo ihre Eltern die Wohnung mit Decken verhängten, damit sie ja niemand zu Gesicht bekam. Wenig später steckte man sie in die Frauenklinik Bülowstraße in Altona, wo sie gegen Kost und Logis Betten beziehen und Windeln auskochen musste, bis mein Onkel in einer Bombennacht im Luftschutzkeller der Klinik endlich das Licht der Welt erblickte. Vier Wochen durfte sie ihn noch stillen, dann musste sie ihn in der Krippe des Katholischen Krankenhauses Rahlstedt abgeben – fortan war ihr nur noch erlaubt, ihn hin und wieder zu besuchen. Als mein Onkel im Alter von anderthalb Jahren deutliche Anzeichen von Hospitalismus zu zeigen begann, ließen sich die Großeltern erweichen und nahmen das uneheliche Kind mit nach Hause. Im Herbst 1944 dann wurde meinem Großvater von seinem Posten in Königsberg aus Urlaub gewährt, um zu heiraten. In nur 24 Stunden Heimataufenthalt heirateten meine Großeltern und zeugten anschließend meinen Vater. Er wurde im Juni 1945 im zerbombten Hamburg geboren, ein mageres Kind, das in den kommenden Jahren viele Verschickungen über sich ergehen lassen musste, um an Gewicht zuzulegen. Es sollte Monate dauern, bis ihn sein Vater erstmals zu Gesicht bekam: Mein Großvater geriet in Dänemark in Kriegsgefangenschaft und war für die Familie einige Zeit verschollen. Nach seiner Heimkehr lag er monatelang im Bett, litt an Alpträumen, an ausgeprägten Ängsten vor engen Räumen, der Dunkelheit, dem Keller. Vermutlich holten ihn seine Kriegserfahrungen als U-Boot-Mechaniker wieder ein. Nach heutigen Kriterien würde man bei ihm wahrscheinlich eine posttraumatische Belastungsstörung diagnostizieren.

Die Familie meines Vater erlebte die Nachkriegsjahre in vielerlei Hinsicht als traumatisch: Arbeitslosigkeit, Geldnot, Hunger quälten die Familie im zerbombten Hamburg. Hinzu kamen noch begrenzte Wohnverhältnisse, denn kurz nach Kriegsende wurde eine ausgebombte vierköpfige Familie in die Wohnung meiner Großeltern mit zwangseinquartiert. Noch heute berichtet mein Vater von Brotsuppe und der täglichen Suche nach Lebensmitteln. Meine Großmutter sagte stets, dass sie diese Zeit, wenn es ihr denn möglich wäre, gern aus ihrem Leben streichen würde. „Bis Mitte der 1950er Jahre ging es uns richtig schlecht", berichtet sie.

Die belastenden Erlebnisse meiner mütterlichen und väterlichen Großeltern in Kriegs- und Nachkriegszeit wirken noch heute auf die Familie. Sie prägten meine Eltern und haben im Zuge dessen auch mich geprägt, obwohl ich erst zwei Generationen später, 1974, geboren wurde.

Meine Eltern wurden beide kurz nach Kriegsende geboren, in einer Zeit, die keine optimalen Startbedingungen für sie bot: Hunger, Armut, Arbeitslosigkeit und Orientierungslosigkeit erschwerten das Leben der Großeltern, traumatische Kriegserfahrungen, Schuld und Scham mögen auf ihnen gelastet haben. Meine Großeltern waren kaum in der Lage, meinen Eltern die Sicherheit, emotionale Präsenz und Zugewandtheit zu schenken, die sie als kleine Kinder gebraucht hätten.

Ich glaube, dass diese schwierigen Startbedingungen für meine Eltern noch heute Folgen haben: So zumindest erkläre ich mir viele ihrer für mich nicht nachvollziehbaren Verhaltensweisen und Ängste. „Kriege versprühen ihr Gift weit über den Lebenszyklus direkt Betroffener in die Seele sehr viel später Geborener. Und manchmal erzeugen sie sogar generationsübergreifende Traumatisierungen", erklärt auch der Psychiater Peter Heinl, der seit Jahren über die Spätwirkungen von Kriegserfahrungen auf die Generation der Kriegskinder, also die zwischen 1930 und 1945 Geborenen, forscht (Heinl: *Maikäfer flieg, dein Vater ist im Krieg*).

Ich glaube, dass das Gift des Krieges bisweilen noch in den Seelen der Kinder der Kriegskinder zu finden ist, den ungefähr zwischen 1955 und 1975 Geborenen. Längst nicht alle sind von generationsübergreifenden Traumatisierungen betroffen. Auch werden viele ihre Probleme überhaupt nicht in einen Zusammenhang mit den Kriegserfahrungen der Großeltern und Eltern bringen. Doch es lohnt sich, genauer hinzuschauen.

Seelische Folgen der Kriegskindheit

Nicht alle Kriegskinder hatten an den Folgen des Krieges zu tragen. Gerade in ländlichen Gegenden Deutschlands gab es Kinder, die ein stabiles Umfeld und ihnen zugewandte Bezugspersonen hatten und somit nicht allzu große Entbehrungen hinnehmen mussten. Sie konnten seelisch unbeschadet groß werden. Auf eine große Zahl der zwischen 1930 und 1945 Geborenen trifft das jedoch nicht zu. Laut psychologischer Studien sind 30 Prozent aller im Zweiten Weltkrieg geborenen Deutschen traumatisiert – durch Heimatverlust, Trennungen, Bombardierung, Hungersnot, Flucht und den Tod nahestehender Angehöriger. In den letzten Kriegsjahren waren existenzielle Verluste für die kriegstreibenden Deutschen an der Tagesordnung. Im Jahr 1945 war jeder Zweite auf der Flucht, mehr als zwei Millionen deutsche Zivilisten starben infolgedessen, über die Hälfte Frauen und Kinder. 5,5 Millionen Kinder hatten ihre Heimat verloren; eine weitere halbe Million Menschen, vor allem Frauen, Kinder und Ältere, starben durch den Bombenkrieg. Jeder achte männliche Deutsche kam im Krieg ums Leben. Es gab in dieser Zeit kaum jemanden, der im näheren Umfeld nicht mehrere Personen zu betrauern hatte: Männer, Söhne, Kinder, Familie, Freunde. Es gab 1,7 Millionen Witwen und 2,5 Millionen Halbwaisen. Auch die Kinder, deren Väter noch lebten, sahen diese oft jahrelang nicht: Im Frühjahr 1947 waren noch 2,3 Millionen Kriegsgefangene in Alliiertenlagern und 900.000 Kriegsgefangene in sowjetischen Lagern. Ein Viertel aller Kinder wuchs dauerhaft ohne Vater auf. Tod, Hungersnot, Armut, Depression und ein großes Wertevakuum prägten diese Zeit.

Für viele Kriegskinder haben diese traumatischen Erfahrungen zahlreiche Spätfolgen: Depressionen, Ängste, Schlaflosigkeit, psychosomatische Beschwerden, Flashbacks. Elmar Brähler, Professor für medizinische Psychologie und medizinische Soziologie an der Uni Leipzig, untersuchte in einer Studie die Langzeitfolgen von Ausbombung und Vertreibung für die zwischen 1930 und 1945 Geborenen und stellte fest, dass überdurchschnittlich viele Menschen dieser Geburtsjahrgänge später von einer geringen Lebenszufriedenheit berichteten und unter ausgeprägten Ängsten, Bindungsschwierigkeiten und Depressionen litten. Er fand auch heraus, dass körperliche Erkrankungen wie Herz- und Kreislaufbeschwerden oft in Zusammenhang mit den Kindheitserlebnissen standen. Der Psychologe warnt vor einer Unterschätzung der Langzeitfolgen der Kriegserlebnisse: „Die traumatischen Folgen sind weder für das Umfeld noch für die Betroffenen selbst leicht zu benennen: Trotzdem belasten sie aber oft das ganze Leben."

Doch nicht alle Kriegskinder haben schreckliche Erinnerungen – manche Kriegskinder denken auch positiv an diese Zeit zurück, an aufregende Spiele inmitten rauchender Ruinen oder den Nervenkitzel bei der Suche nach Bombensplittern. Möglicherweise dienen diese Erinnerungen dazu, die angstvollen inneren Bilder auf Abstand zu halten. Auf jeden Fall dürften sie eine reflektierte Auseinandersetzung erschweren.

Zu ähnlichen Ergebnissen kommt eine Langzeitstudie der Deutschen Psychoanalytischen Vereinigung unter 400 Patienten, die zwischen 1990 und 1993 eine Psychoanalyse beendeten. Bei 54 Prozent der Probanden hatte der Krieg Spuren hinterlassen: körperliche Langzeitschäden durch Mangelernährung, Probleme mit der Selbstfürsorge, psychosomatische Beschwerden, Einsamkeit, Flucht in Leistung, Empathiestörungen, Identitäts- und Beziehungsstörungen. Belastend sei dabei nicht nur die Kriegszeit, sondern ebenso die Nachkriegszeit gewesen, stellten die Psychoanalytiker fest. Viele Kinder hätten für ihre durch Ausbombung, den Verlust des Ehemannes oder Vergewaltigung emotional erstarrten Mütter gesorgt und es angesichts dessen selbst nicht geschafft, eigene Entwicklungsaufgaben wahrzunehmen. Kehrte der abwesende, häufig idealisierte Vater zerrüttet aus der Gefangenschaft zurück, war auch er meist nicht in der Lage, Vaterfunktionen wahrzunehmen. „Durch die starke Bindung an die hilfsbedürftigen Eltern konnten die Kriegskinder ihre affektiven Fähigkeiten nicht gut ausbilden", erklärt die Psychoanalytikerin Marianne Leuzinger-Bohleber. Die kognitiven Fähigkeiten dagegen seien bei dieser Generation meist sehr gut ausgeprägt. Das lässt sich nicht bestreiten: Viele sitzen heute an Schaltstellen in Politik und Wirtschaft.

Fälschlicherweise glauben viele Menschen, dass nur die Kriegskinder, die alt genug waren, um sich an konkrete belastende Ereignisse zu erinnern, heute noch mit den Folgen des Erlebten zu kämpfen haben. Das Gegenteil ist der Fall: Gerade die Jahrgänge 1942 bis 1945, die kaum oder keine Erinnerungen an ihre ersten Lebensjahre im Krieg oder die Zeit unmittelbar danach haben, leiden besonders an den Spätfolgen ihrer frühen Erfahrungen – oft, ohne es zu wissen. Das beobachtete auch die Journalistin Sabine Bode, die in ihrem Buch *Die vergessene Generation – die Kriegskinder brechen ihr Schweigen* ein Porträt der Kriegskindergeneration lieferte. In einem Interview mit dem NDR Anfang 2007 berichtete sie: „Die älteren Kriegskinder, die ihren Eltern während der Kriegs- und Nachkriegszeit unterstützend zur Seite stehen konnten, haben diese Zeit häufig relativ gut überstanden, ohne Traumatisierung. Oft waren sie später sogar sehr erfolgreich, viele von ihnen gingen in helfende Berufe. Aber die kleineren Kinder, die in den letzten Jahren des Krieges geboren wurden, die haben die Katastrophen umso schlimmer erlebt. Je kleiner sie waren, umso schwerer hatten sie's. Obwohl es zu dieser Zeit überhaupt nicht die Empfindung gab, dass die Kleinen viel gelitten hätten."

Diese Tatsache lässt sich wohl so erklären: Gerade pränatale Erlebnisse und frühe Erfahrungen in den ersten drei Lebensjahren wirken sich maßgeblich auf unsere seelische und körperliche

Gesundheit und emotionale Entwicklung aus. Babys lernen von ihren Bezugspersonen, ihren eigenen inneren Zustand zu deuten: So gut oder schlecht wie die Bindungsperson – meist die Mutter – die eigenen Gefühle regulieren kann, gelingt dies auch dem Baby. Es ist auf einen schützenden Erwachsenen angewiesen, der ihm hilft, das Erlebte einzuordnen und zu bewältigen. „Babys erleben alles erst mal als Stress, ob das Hunger ist, Durst oder ein neues Geräusch", erklärt mir der Münchner Psychiater und Bindungsforscher Karl Heinz Brisch in einem Interview. „Dann greift die Mutter ein und beruhigt das Baby. So hilft sie ihm, Stück für Stück die eigenen Impulse kennenzulernen und einzuordnen." Später kleidet die Mutter (oder der Vater) die Gefühle ihres Kindes in Worte und bringt ihm so bei, dass es Namen für unterschiedliche Emotionen wie Freude, Wut oder Angst gibt. Die Fähigkeit, Gefühlszustände anderer erkennen, Empathie empfinden und eigene Gefühlszustände regulieren zu können, stammt aus dieser Zeit – all diese Erfahrungen werden in der sich rasant entwickelnden rechten Gehirnhälfte des Babys abgespeichert.

Wir können nicht davon ausgehen, dass die in den letzten Kriegsjahren geborenen Kinder entsprechende Bedingungen für ihre Entwicklung vorfanden. In den letzten Kriegsjahren und der frühen Nachkriegszeit war es Müttern oftmals kaum möglich, ihrem Kind Schutz vor den vielen äußeren Stressfaktoren zu bieten. Auch seelisch waren sie mit Sicherheit nicht in der Lage, angemessen auf ihr Baby zu reagieren: Das Trauma von Flucht und Vertreibung, Bombennächten in Luftschutzkellern, Trauer um getötete Angehörige und Freunde, Hungersnot, die nackte Angst ums Überleben – möglicherweise einhergehend mit der Angst vor Vergewaltigung – standen häufig im Vordergrund. Die neuropsychologische Forschung weiß heute, dass viele biochemische Prozesse im Gehirn, die für eine Reihe psychischer Probleme mitverantwortlich sind, nicht angeboren sind, sondern ihre Ursache in der unzureichenden Gefühlsregulation des Kindes haben. Da die rechte Hirnhälfte aber lebenslang von den frühen Bindungserfahrungen geprägt ist, ist es wahrscheinlich, dass viele der gerade in den letzten Kriegsjahren geborenen Kinder mit psychischen oder psychosomatischen Störungen aus dieser Zeit hervorgegangen sind. Und das hat viele von ihnen für ihr weiteres Leben stark geprägt – insbesondere in Bezug auf ihre Beziehungsfähigkeit und Elternschaft.

Die Siegener Psychologieprofessorin Insa Fooken glaubt, dass viele Kriegskinder vor allem hinsichtlich ihrer Beziehungsfähigkeit an den Folgen ihrer frühen Erfahrungen zu leiden haben. In deren Partnerschaften sei häufig die Fähigkeit zur Intimität und zur Formulierung erwachsener Beziehungsansprüche eingeschränkt, erklärt die Psychologin. Fooken untersuchte in einer Studie den so genannten „späten zweiten Scheidungsgipfel", den Trend zur Scheidung nach langjährigen Ehen, den man seit Beginn der 1990er in Deutschland beobachten kann. Sie konzentrierte sich in ihrer Untersuchung auf die um 1930, um 1940 und um 1950 Geborenen und führte mit insgesamt 125 Personen mehrstündige Interviews. Im Zuge dieser Forschung fielen ihr diverse „Parallelen" bei der um 1940 geborenen Personengruppe auf. Auf den ersten Blick war zwar nichts ungewöhnlich: Die Paare hatten in der Regel früh geheiratet, ihre Beziehungen waren überwiegend auf lebenslange Dauer nach dem klassischen Modell „Mann arbeitet, Frau hütet Heim und Herd" konzipiert. Partnerwahl und Familiengründung fanden vorrangig in den 1950er und 1960er Jahren statt – eine noch vom gesellschaftlichen Zusammenbruch der Kriegsjahre geprägte Zeit, in der „häufig die Sehnsucht nach Wiederherstellung vorgeblich heiler und stabiler Familien- und Beziehungswelten an die junge Generation (also die „Kriegskinder") delegiert wurde", erklärt Fooken (Fooken: *Späte Scheidungen als Kriegsfolge? Kriegskindheiten und Beziehungsverläufe*). Im Schnitt waren die von Fooken untersuchten Paare 27 Jahre verheiratet, also lang genug, um bis zum Auszug der Kinder aus dem gemeinsamen Heim ein einigermaßen intaktes Familienleben gewährleisten zu können. Und dennoch scheiterten diese Ehen letztlich oft.

Als Begründungen gaben die Befragten meist an, sie hätten sich von ihrem Partner entfremdet, seien desillusioniert oder es sei ihnen nicht gelungen, mit dem Partner über Probleme zu sprechen. Bemerkenswert fand Fooken jedoch, dass sich nur 38 Prozent der Befragten nach dem Ende der Ehe auch kritisch mit den eigenen Anteilen am Scheitern der Beziehung auseinandersetzte. Die meisten der Befragten behielten ihre anfänglichen Überzeugungen und Schuldzuweisungen gegenüber dem Partner noch Jahre nach Ende der Beziehung bei und zeigten sich nur begrenzt reflexionsfähig. Fooken glaubt, dass die untersuchten Kriegskinder noch im Bann ihrer früheren, sehr ambivalenten Bindungs- und Beziehungserfahrungen stehen, die sie oft kaum durchschauen. „Im Laufe ihrer frühen Sozialisierungen wurde ihnen ja häufig ‚verordnet', was sie (nicht) zu fühlen und (nicht) zu denken haben. So fällt es ihnen möglicherweise auch besonders schwer, die Ambivalenz der mit biographischen Erfahrungen und intimen Beziehungen verbundenen Emotionen zu tolerieren", erklärt Fooken.

Die Folgen faschistischer Erziehung

Nicht nur die belastenden Umstände der Kriegs- und Nachkriegszeit mögen auf die Generation der Kriegskinder gewirkt haben – auch die Erziehungsideale des Nationalsozialismus haben ihre Spuren hinterlassen. Hitler hatte früh propagiert, dass eine besondere Erziehung von Nöten wäre, um aus Kindern später unbeugsame Nationalsozialisten zu machen: „Meine Pädagogik ist hart. Das Schwache muss weggehämmert werden. In meinen Ordensburgen wird eine Jugend heranwachsen, vor der sich die Welt erschrecken wird. Es darf nichts Schwaches und Zärtliches an ihr sein." (Rauschnig: *Gespräche mit Hitler*). Bereits im Baby- und Kleinkindalter sollte diese Erziehung einsetzen: „Der Staat hat seine Erziehungsarbeit so einzuteilen, dass die jungen Körper schon in ihrer frühesten Kindheit zweckentsprechend behandelt werden und die notwendige Stählung für das spätere Leben erhalten", schrieb Hitler 1925 in *Mein Kampf*. „Diese Pflege- und Erziehungsarbeit hat schon einzusetzen bei der jungen Mutter. So wie es möglich wurde, im Laufe einer jahrzehntelangen sorgfältigen Arbeit infektionsfreie Reinlichkeit bei der Geburt zu erzielen und das Kindbettfieber auf wenige Fälle zu beschränken, so muss und wird es möglich sein, durch eine gründliche Ausbildung der Schwestern und der Mütter selber schon in den ersten Jahren des Kindes eine Behandlung herbeizuführen, die zur vorzeitigen Grundlage für die spätere Entwicklung dient."

Die „Behandlung", an die Hitler bereits 1925 dachte, wurde knapp zehn Jahre später von der Ärztin Johanna Haarer für die breite Öffentlichkeit ausformuliert. Die leidenschaftliche Nationalsozialistin und fünffache Mutter trat 1934 mit ihrem Ratgeber und politischen Propagandawerk *Die deutsche Mutter und ihr erstes Kind* in Erscheinung. Sie propagierte darin einen Erziehungsstil, der ganz dem Sinne der Nationalsozialisten entsprach. Hauptanliegen Haarers war, dem Kind seinen Willen zu nehmen, es den Eltern und allen weiteren Autoritäten gefügig zu machen und es physisch und psychisch abzuhärten. „Vorüber sind die Zeiten, wo es erstes und oberstes Ziel aller Erziehung und Aufzucht war, nur die Eigenpersönlichkeit im Kind und Menschen zu vervollkommnen und zu fördern", schrieb sie. „Eins ist heute vor allem Not, nämlich, dass jeder junge Staatsbürger und Deutsche zum nützlichen Glied der Volksgemeinschaft werde".

Haarer empfahl verschiedene Methoden, um dem Kind Folgsamkeit beizubringen. So sollte das Neugeborene nach der Geburt 24 Stunden lang allein in einen abgedunkelten Raum gelegt werden. Sein Schreien musste ignoriert werden, sonst könnte es bereits zu diesem Zeitpunkt zu einer ersten Verzärtelung des Kindes kommen. Auch danach durfte den Bedürfnissen des Kindes keinesfalls nachgegeben werden: Das Baby sollte nur zu bestimmten Zeiten gestillt oder gefüttert werden und von klein auf angehalten werden, regelmäßig aufs Töpfchen zu gehen. Körperkontakt und Zärtlichkeiten waren weitestgehend tabu. Auf Gefühle oder Ängste des Kindes durfte ebenfalls keine Rücksicht genommen werden, schließlich sollte das Kind abgehärtet werden. Unterwarfen sich die Kinder wiederholt nicht dem Willen der Eltern, sollten sie zur Strafe eine Weile aus der Familie entfernt werden.

Die deutsche Mutter und ihr erstes Kind erreichte innerhalb kürzester Zeit enorme Auflagenzahlen, bis Kriegsende stieg die Auflage auf 690.000 Exemplare an. Es erschien, wie der Historiker Gregor Dill erläutert, gerade rechtzeitig zum Auftakt der von der NS-Frauenschaft initiierten Reichsmütterschulungen, die allen „arischen" Frauen reichseinheitlich dieselben Säuglingspflegeregeln zu vermitteln versuchten. Die Haarer-Bücher dienten den Kursen als Lehrmittelgrundlage. Über 3.000 spezifisch ausgebildete Wanderlehrerinnen reisten bis in die entlegensten Gebiete des Landes, um dort ihre einheitlich geplanten Lehrgänge abzuhalten. In den Großstädten wurden feste Mütterschulen eingerichtet. Bis April 1943 besuchten drei Millionen junge Frauen diese Kurse.

Natürlich wird nicht jede Mutter ihr Kind strikt nach Haarers Vorgaben aufgezogen haben – viele Mütter werden an diesen Kursen eher aus Zwang denn aus freiem Willen teilgenommen haben. Dennoch sickerten Haarers Erziehungstipps ins kollektive Unbewusste, was auch daran deutlich wird, dass sich das Buch unter dem leicht veränderten Titel „Die Mutter und ihr erstes Kind" auch nach dem Krieg noch gut verkaufte. Bis in die 1960er Jahre wurde in vielen deutschen Krankenhäusern noch Säuglingspflege nach Haarer betrieben, die letzte Auflage von Haarers Erstlingswerk erschien 1987.

Auch meine Großeltern ließen ihre Babys schreien, auch wenn es sie oft Überwindung gekostet haben mag. Und noch heute behaupten manche Eltern, dass es „die Lungen stärke", wenn man ein Neugeborenes schreien ließe.

Die Psychologin Sigrid Chamberlain untersuchte die Auswirkungen der nationalsozialistischen Erziehung in ihrem Buch *Adolf Hitler, die deutsche Mutter und ihr erstes Kind* und glaubt, dass viele Kriegskinder mit nationalsozialistischen Prägungen ins Leben entlassen wurden, ohne sich dessen bewusst zu sein. „Sich von klein auf betäuben zu müssen, die eigenen Gefühle und Empfindungen nicht wahrnehmen zu können, das ist eine der Folgen faschistischer Erziehung", schreibt Chamberlain. „Wie auch das Zeigen von Gefühlen, wenn diese sich irgendwann nicht mehr zurückhalten lassen, als Niederlage zu empfinden. Angst haben zu müssen vor dem Triumph in den Augen anderer."

Auch das mangelnde Gefühl für den eigenen Körper und häufige Hinweggehen über körperliche Erkrankungen in der Generation der Kriegskinder erklärt sich Chamberlain mit den unzureichenden Körperkontakterfahrungen und emotionalen Rückmeldungen dieser Geburtsjahrgänge. Sie glaubt auch, dass die systematische Zerstörung von Bindungen in der nationalsozialistischen Erziehung durch Kinderlandverschickungslager, Land- oder Pflichtjahre, den Arbeitsdienst oder den Dienst als Ost- und Westwallbauer die Entwicklung einer Bindungsstörung fördern konnte: „Viele dieser ehemaligen Kinder haben es schwer zu leben. Sie haben das Gefühl, nicht bindungsfähig zu sein, auch nicht an die eigenen Kinder. Ich traf auf viel Wechsel von Beziehungen und Wohnorten und viel Angst davor, sich überhaupt auf andere einzulassen, beziehungsweise irgendwo „heimisch" zu werden ... Allerdings begegnete mir auch das scheinbare Gegenteil, nämlich sehr lang andauernde, beständige Verbindungen, für die aber sehr viel an Eigenem aufgegeben wurde – und zwar aus der Angst heraus, wieder verlassen zu werden. Häufiger Wechsel sowie zu langes Festhalten an eigentlich unerträglich gewordenen Situationen haben wohl die gleiche Wurzel: Angst vor dem Verlassenwerden."

Kriegskinder und ihre Kinder

Viele Kriegskinder haben sich als Erwachsene in Therapien mit ihren Lebensproblemen auseinandergesetzt. Doch nur selten kamen sie dabei auf die spezifischen Belastungen der Kriegskindheit zu sprechen. Kein Wunder: Viele hatten dieser Zeit jahrzehntelang keine Beachtung geschenkt, schließlich drang dieses Thema erst in den letzten Jahren ins öffentliche Bewusstsein, oft verbunden mit der schrittweisen Verrentung der Kriegskinder. Über dem langen Schweigen lag vor allem die Schuld der Deutschen am Holocaust, die unausgesprochene Überzeugung, dass man angesichts der millionenfachen Morde an den Opfern der Nationalsozialisten nicht über das eigene kleine Schicksal klagen dürfe.

Vielleicht hätte es den Kriegskindern aber auch gar nicht gefallen, sich als derart bedürftig zu erleben. Denn sie sehen sich als eine starke Generation, die beruflich viel geleistet hat und ihren Kindern den Wohlstand bieten konnte, den sie selbst früher nicht erleben durfte. Eine soziale Generation, die sich intensiv um andere kümmert und so vielleicht die eigene Bedürftigkeit abwehren konnte. Die es über einen langen Zeitraum verständlicherweise notwendiger fand, sich mit der Schuld Deutschlands auseinanderzusetzen, als den Blick auf die eigenen, persönlichen Verluste zu richten. Für Selbstmitleid war kein Raum im Selbstverständnis dieser Generation – so wurde das eigene Leid verdrängt und verschwiegen.

„Wir haben ja von klein auf erfahren, dass wir nicht wichtig waren", erklärt mir die 1943 geborene Psychoanalytikerin und Trauma-Expertin Luise Reddemann in einem Interview. „Uns wurde ja gesagt: Ihr seid so klein, ihr habt nichts mitbekommen, alle anderen haben es viel schwerer gehabt. Also denkt man als Kind: Nimm dich nicht so wichtig, streng dich an!"

Ähnlich erlebte es die Psychotherapeutin Charlotte Schönfeldt, Jahrgang 1936: „Unsere eigene Jugend hatte sich in der

Nachkriegszeit abgespielt und war damit im Wesentlichen ‚ausgefallen'. Wir erlebten Mütter, die vor und nach dem Kriegsende eine Stärke hatten entfalten müssen, in der wir sie vorher nicht erlebt hatten – und Väter, die verhungert, angeknackst und depressiv aus dem Krieg gekommen waren und sich wieder um die dominante Rolle in der Familie bemühen mussten." (Schönfeldt: *Kriegskinder und transgenerationale Verflechtungen*)

Erst im Zuge der '68er-Bewegung konnte ein Teil der Kriegskinder die Fähigkeit zur kritischen Hinterfragung nachholen, berichtet Charlotte Schönfeldt. Das gelang aber längst nicht allen: „Ein anderer Teil, die Konservativeren, war darüber entsetzt. Und wieder ein anderer Teil unserer Generation (zum Beispiel viele der Eltern meiner Klientinnen) hat das offenbar in der NS-Erziehung zutiefst eingeprägte unkritische Funktionieren, Leisten, Anpassen beibehalten und an die Kinder weitergereicht. Und wieder ein anderer Teil hat als Eltern das Verdrängte der eigenen Eltern eingekapselt an die nächste Generation weitergereicht oder delegiert."

Vielleicht konnten sich die Kriegskinder auch kaum mit ihrem Leid beschäftigen, weil eine Auseinandersetzung mit der eigenen Geschichte gleichzeitig auch eine Beschäftigung mit der Vergangenheit der Eltern bedeutet hätte. In seinem Buch *Opa war kein Nazi: Nationalsozialismus und Holocaust im Familiengedächtnis* beschreibt der Sozialpsychologe Harald Welzer, wie die Söhne und Töchter der Kriegskinder-Generation häufig Gespräche mit den eigenen Eltern über deren Vergangenheit mit der Begründung verweigerten, die Eltern würden nicht über dieses Thema sprechen. Einen „sorgsam kultivierten Mythos von der schweigenden Kriegsgeneration" nennt Welzer dieses Phänomen.

Auch meine Mutter bestätigte mir kürzlich, dass sie nie das Gespräch mit ihren Eltern über deren Kriegsvergangenheit gesucht hatte: „Wir wollten gar nichts hören über diese Zeit! Das, was unsere Eltern aus dieser Zeit erzählten, das konnte nur schlecht sein. Es war absolut verpönt, mit ihnen darüber zu sprechen. Es hat uns schon zur Weißglut gebracht, wenn sie nur anfingen, über die Zeit ‚unter Adolf' zu sprechen oder sie ihre Lieder aus dem Arbeitsdienst sangen. Überall im Land waren die Alt-Nazis noch an der Macht, damit wollten wir nichts zu tun haben. Wir wissen wenig. Erst ihr fangt an, euch dafür zu interessieren."

Diese Haltung ist für mich durchaus nachvollziehbar, mag aber gleichzeitig eine Auseinandersetzung mit den eigenen Prägungen durch die Kriegsjahre erschwert haben. Und tatsächlich realisieren viele Kriegskinder erst heute, mehr als 60 Jahre nach Kriegsende, dass ihre Ängste, Lebensprobleme und psychosomatischen Erkrankungen möglicherweise mit verdrängten kindlichen Traumata zu tun haben, die ihren Ursprung in frühen Erfahrungen von Flucht, Vertreibung, Bombardierung, Kälte und Hunger haben oder in der mangelnden Zuwendung, die ihnen ihre Eltern aufgrund der damaligen Lebenssituation haben geben können.

Spricht man die Kinder von Kriegskindern auf ihre Eltern an, so hört man häufig Sätze wie: Sie unterstützen mich sehr, aber es ist ihnen nur schwer möglich, eine tiefe emotionale Beziehung zu mir aufzubauen. Wir können nur schlecht über Gefühle sprechen. Sie haben keine Ahnung, was in mir vorgeht, können mich aber auch nicht fragen. Und so bleiben wir uns immer ein Stück weit fremd.

So habe auch ich das oft erlebt. Obwohl durchaus fürsorglich und am Wohle ihrer Kinder interessiert, hatten auch meine Eltern oft Schwierigkeiten, mit intensiven Gefühlen umzugehen. In unserer Familie musste immer alles gut sein, wir sollten fröhliche und glückliche Kinder sein. Schon als Kind spürte ich, dass unsere mühsam aufrechterhaltene Familienbalance durch ungewünschte Gefühle wie Angst oder Traurigkeit leicht aus dem Gleichgewicht geraten konnte – von Wut ganz zu schweigen.

Traten diese Emotionen dennoch auf, beharrten meine Eltern darauf, dass sie mit genügend Motivation „weggedrückt" werden konnten: Das Verschwinden von Ängsten, seelischen Verstimmungen oder auch psychosomatischen Erkrankungen wurde als reine Willensfrage tituliert. „Streng dich an, nimm dich zusammen" – das war ihre Haltung und schien bei ihnen auch über viele Jahre zu funktionieren. Ich jedoch litt als Kind zeitweise unter diffusen Ängsten, die ich nicht benennen, geschweige denn erklären konnte. Schlafstörungen und Trennungsängste quälten mich. Ich fürchtete, auf dem Weg zur Schule einfach vom Erdboden verschluckt zu werden. Nachts träumte ich wiederholt, dass ich allein durch brennende Ruinenlandschaften geisterte – oder ich fiel endlos in einen schwarzen Abgrund. Doch obwohl sich meine Eltern um mich sorgten, konnten sie nicht handeln. Es war ihnen nicht möglich, sich mit meinen Ängsten auseinanderzusetzen, sie zu halten, zu „containern", wie es in der Fachsprache heißt. Psychotherapie kam für sie nicht in Frage.

Warum handelten meine Eltern auf diese Weise? Vermutlich waren sie selbst hilflos und überfordert. Vielleicht drohten meine negativen Gefühlszustände ihre eigene fragile Abwehr zu erschüttern. Nachträglich, mit der Unterstützung von Psychotherapien, musste ich lernen, meine Gefühle wahrnehmen, einordnen und oft auch ertragen zu können.

Erst mit Ende 20 ging mir auf, dass sie vermutlich selbst im Bann ihrer Geschichte standen: Sie hatten es nicht gelernt, mit ihren eigenen schmerzlichen und widersprüchlichen Gefühlsimpulsen umzugehen – und deshalb konnten sie diese auch bei ihren Kindern nur schlecht aushalten. Die Familienverhältnisse zur Zeit ihrer Geburt und in den frühen Nachkriegsjahren waren belastet: Meine Mutter musste über viele Jahre als Älteste von drei Schwestern ihre depressive Mutter stützen, vor allem, nachdem sich die Familie Mitte der 1950er Jahre zur Flucht aus der DDR in den Westen entschlossen hatte und dort ganz von vorne anfangen musste. „Flüchtlingsfamilien waren Erfolgsgemeinschaften, für unverarbeitetes Leid gab es dort keinen Platz", analysierte die Journalistin Sabine Bode in einem Interview für den NDR. Mein Vater war einem traumatisierten und mitunter extrem jähzornigen Vater ausgeliefert, gegen den auch die eigene Mutter machtlos war. Über Gefühle wurde in beiden Familien nicht gesprochen, Ängste waren tabu. Die Beziehungsunsicherheiten, die materiellen und emotionalen Entbehrungen, die meine Eltern als Kinder erfahren mussten, konnten und wollten sie nie bearbeiten – auch später nicht. Dennoch spürte ich als Kind mehr als deutlich die Verletzungen, die sie in sich trugen. Wir Kinder wurden heiß geliebt, waren gleichzeitig aber auch dazu da, um ihnen nachträglich die dringend benötigte, aber nie in ausreichendem Maß erhaltene Liebe zu geben. Wie sonst ist es zu erklären, dass ich schon als Achtjährige bemüht war, meinen vermeintlich starken Eltern eine möglichst verlässliche Partnerin zu sein, sie zu schützen und zu stützen, ihre Wunden zu heilen?

Ich dachte lange, dass die ausgeprägte Angst vor Gefühlen eine schmerzliche Besonderheit meiner Familie wäre. Heute weiß ich, dass meine Familie bei weitem kein Einzelfall ist. Bei der Recherche zu diesem Buch habe ich viele Kinder von Kriegskindern getroffen, die Ähnliches berichten. In den folgenden Kapiteln möchte ich die individuellen Auswirkungen genauer beleuchten, die die Kriegskindheit der Eltern auf das Leben von Männern und Frauen meiner Generation, der ungefähr zwischen 1955 und 1975 geborenen „dritten Generation" haben kann.

Das Spektrum ist vielfältig: Ich traf Menschen, auf deren Leben die Geschichte der Eltern noch immer wie ein dunkler Schatten lastet. Kinder von Kriegskindern, denen die Sprach- und Gefühllosigkeit in der Beziehung zu den Eltern zu schaffen machte. 40-Jährige, die noch immer der verlorenen Heimat der Eltern hinterhertrauern. Töchter von Kriegskindern, deren Leben geprägt ist von den sexuellen Gewalterfahrungen der Eltern und Großmütter in den letzten Kriegsmonaten. Oft merken wir nicht, wie verstrickt wir noch sind in die Geschichte unserer Eltern – weil sich die Symptome bei uns eben ganz anders zeigen und auch, weil uns das Wissen über die Erfahrungen unserer Eltern fehlt. Inzwischen beginnen viele Kriegskinder aber, sich mit ihrer Geschichte zu beschäftigen. Und auch wir, die dritte Generation, haben nun die Chance, eine Auseinandersetzung zu führen mit den Spuren, die der Krieg in unseren Leben hinterlassen hat.

2. Verlorene Heimat
Sich nirgendwo zu Hause fühlen

Noch heute ist die Flucht und Vertreibung der Deutschen aus den Ostgebieten ein bisweilen heikles Thema. Auch 60 Jahre nach Kriegsende polarisieren die Ereignisse der letzten Kriegsmonate die Öffentlichkeit noch: Da sind einerseits die Vertriebenenverbände, die ihr Augenmerk überwiegend auf deutsche Opfer richten, Entschädigungen für verlorenen Besitz verlangen und Rückkehrerträume hegen. Und andererseits melden sich diejenigen zu Wort, die befürchten, eine Beschäftigung mit den Erlebnissen der deutschen Vertriebenen führe zwangsweise zu einem neuen Opferdiskurs und somit dem Vergessen der unermesslichen Leiden der vielen Opfer der Nationalsozialisten, allen voran der Holocaust-Überlebenden. Natürlich darf nicht vernebelt werden, dass Flucht und Vertreibung eine konkrete Folge der schrecklichen Verbrechen der Nationalsozialisten waren. Dennoch sollten die bisweilen traumatischen Erfahrungen der deutschen Flüchtlinge nicht unter dem Deckmäntelchen der *political correctness* verschwinden müssen. Seit ein paar Jahren nun scheint es möglich, sich auch den Schicksalen der deutschen Flüchtlinge zuzuwenden. Mittlerweile ist die Beschäftigung mit dem Thema auch in der breiten Öffentlichkeit angekommen: Literatur, Film und Fernsehen bearbeiten zunehmend die Erlebnisse der deutschen Vertriebenen. Manchmal allerdings zeichnen sich diese Produktionen dann weniger durch ihre Differenziertheit als ihre Lust am Drama aus.

Die genaue Zahl der im Zuge von Flucht und Vertreibung umgekommenen Deutschen aus den Ostgebieten ist bis heute ungeklärt. Schätzungen des Deutschen Historischen Museums zufolge ist von mindestens 600.000 Todesopfern auszugehen. Insgesamt waren etwa 14 Millionen Deutsche und Deutschstämmige zwischen 1944 und 1950 von Flucht und Vertreibung betroffen. Zuvor hatte die deutsche Besatzungsmacht im Osten über Jahre brutal geherrscht: Bereits 1941 hatte Hitler den „Kriegsgerichtsbarkeitserlass" verabschiedet, demnach deutsche Soldaten sowjetische Zivilisten ermorden durften, ohne dass ihnen eine Strafe dafür drohte. Insgesamt 25 Millionen Tote hatte die Sowjetunion bei Kriegsende zu beklagen, über 1.700 Städte und 70.000 Dörfer hatte die Wehrmacht zerstört. Das Pendel der Gewalt schlug auf die deutsche Zivilbevölkerung im Osten zurück.

Zur ersten Welle von Evakuierungen und Fluchtbewegungen kam es im Herbst 1944, als die Rote Armee im Süden nach Rumänien, Jugoslawien, Ungarn und im Norden nach Ostpreußen eindrang. Von den 1,5 Millionen Volksdeutschen, die nach den vorangegangenen Umsiedlungen dort lebten, gelangten nur etwa 400.000 aufs Reichsgebiet. Wenige Wochen später schnitt die sowjetische Großoffensive Ostpreußen ab und drang nach Oberschlesien, Ostbrandenburg und Pommern ein – eine Massenflucht begann. Aufgrund der Durchhalte-Propaganda der Nationalsozialisten wurden Vorkehrungen zur Evakuierung jedoch meist viel zu spät getroffen, so dass die überstürzte Flucht während des kalten Winters zum Desaster wurde und viele Menschen – gerade Kindern und Alten – das Leben kostete.

Ein Sonderkapitel bildet das Schicksal der rund 3,3 Millionen Sudetendeutschen: Hier konnten tschechische Aufständische noch kurz vor Kriegsende die lokale Gewalt übernehmen, da Böhmen und Mähren erst unmittelbar vor und nach der Kapitulation von der Roten Armee besetzt wurden. Nur ein kleiner Teil der Deutschen konnte entkommen, so dass die große Mehrheit den Vergeltungsaktionen der tschechischen Bevölkerung ausgeliefert war.

Insgesamt wurden mehrere Hunderttausende deutsche Siedler aus den Ostgebieten nach dem Krieg in Lagern inhaftiert oder mussten – teilweise jahrelang – Zwangsarbeit leisten. Bis 1950 wurden in der Bundesrepublik, der DDR und Österreich etwa 12 Millionen Ost- und Sudetendeutsche aufgenommen. Einige Länder, wie Mecklenburg-Vorpommern, verdoppelten dadurch ihre Einwohnerzahl. Andere gewachsene Regionen wie Oberbayern und die Lüneburger Heide mussten plötzlich Bevölkerungsgruppen integrieren, die eine ganz andere Konfession und einen ganz anderen Lebensstil hatten. Nicht überall wurden die Vertriebenen mit offenen Armen empfangen. Viele Flüchtlinge fühlten sich stigmatisiert, war die lokale Bevölkerung in den meisten Regionen doch wenig begeistert von den neuen Nachbarn. Bisweilen kam es zu ganzen Stadt- und Ortsneugründungen.

Für die Vertriebenen war die Integration oft alles andere als einfach. Es galt, wieder bei Null anzufangen und ein neues Leben aufzubauen, oft noch mit den schrecklichen Fluchterfahrungen im Nacken. Häuser wurden gebaut, Kinder geboren, Firmen gegründet: Zum Aufarbeiten der eigenen Trauer und der Verlusterfahrungen war angesichts dieser Herausforderungen oft nur wenig Zeit. Auch die Kollektivschuld verhinderte eine Beschäftigung mit dem Erlebten. Dennoch blieben die meisten Vertriebenen der verlorenen Heimat schmerzlich verbunden. Denn auch eine noch so gelungene Integration konnte den Verlust vielfach nicht heilen: Geschichten aus der alten Heimat, Mitgliedschaften in Vertriebenen- oder Heimatvereinen oder häufige Reisen in die Vergangenheit zeugen davon.

Dass das Trauma des Heimatverlusts bisweilen bis in die dritte Generation weiterwirkt, möchte ich in diesem Kapitel zeigen. Denn auch die Kinder der Kriegskinder – obwohl in der BRD geboren – fühlen sich der alten Heimat der Eltern bisweilen so verbunden, dass sie es selbst kaum schaffen, Wurzeln zu schlagen. Es bleibt ein Gefühl von Heimatlosigkeit, von mangelnder Zugehörigkeit und die diffuse Empfindung, in der Welt nicht geborgen zu sein. „Kennzeichnend für die meisten Vertriebenen und viele ihrer Kinder ist ein Gefühl der Wurzellosigkeit", schreibt der Historiker Andreas Kossert in seinem Buch *Kalte Heimat: Die Geschichte der deutschen Vertriebenen nach 1945*. „Sie fühlen sich unruhig, getrieben, unfähig, sich irgendwo langfristig niederzulassen. Sie zeigen tendenziell eine hohe Mobilität oder aber – gerade umgekehrt – das zwanghafte Bestreben, sich durch den Bau eines eigenen Hauses festzukrallen." Die Traumata der vertriebenen Eltern treten oft als Konflikte der Kinder wieder auf – ein Phänomen, das auch viele Psychotherapeuten bei ihrer täglichen Arbeit beobachten: „Elterliche Objektbilder und dazugehörige Affekte werden an Kinder und Enkel weitergegeben und Trauerarbeit, Wiedergutmachung, Wiederbeschaffung von Verlorenem und Abwehr von Ohnmacht an diese delegiert. So entsteht eine von Trauma und Schuld durchdrungene, tabuisierte und nebulöse Atmosphäre. Meist wird aber nicht bewusst reflektierend, sondern handelnd erinnert", erklärt der Psychoanalytiker Bertram von der Stein (von der Stein: ‚*Flüchtlingskinder': Transgenerationale Perspektive von Spätfolgen des Zweiten Weltkriegs bei Nachkommen von Flüchtlingen aus den ehemaligen deutschen Ostgebieten*). Die Kinder von Vertriebenen wehrten die elterlichen Verlustgefühle oft ab, indem sie die unbewussten Wünsche der Eltern nach Wiedergutmachung zu erfüllen versuchten. Deswegen fiele es ihnen häufig schwer, sich von den Eltern zu lösen, erklärt er weiter.

Von einem akuten Gefühl der Heimatlosigkeit, einer anhaltenden Suche nach einem „sicheren" Ort und einer symbiotischen Verstrickung in die Geschichte der Eltern und Großeltern berichten drei meiner Gesprächspartner in diesem Kapitel. Sie alle mussten schmerzliche Erinnerungsarbeit leisten, um ihre Familiengeschichten und deren Folgen für die eigene Entwicklung aufarbeiten zu können. Heute nehmen sie ihre Befindlichkeit, ihr Gefühl von Wurzellosigkeit als Produkte ihrer familiären Verstrickungen wahr. Sie haben gelernt, damit umzugehen. Doch trotz der Hemmungen und Einschränkungen, die sie aufgrund der Verlusterfahrungen der Eltern noch in sich spüren, führen sie alle inzwischen ein zufriedenstellendes Leben. Sie haben Partner, Kinder, erfüllende Berufe – das Trauma sitzt nicht so tief, als dass ihr Leben von der Vergangenheit dominiert wäre. Mit Ressentiments oder Wiedergutmachung kann keine von ihnen etwas anfangen. Bei ihnen beginnen die Wunden langsam zu heilen.

*„Ich fühlte mich verpflichtet –
wenn nicht ich, wer sonst?"*

Tanja ist 34 Jahre alt und stammt aus der Kleinstadt Geislingen auf der Schwäbischen Alb. Obwohl dort geboren und aufgewachsen, fühlt sich die Diplompsychologin in Geislingen nicht heimisch. „Ich bin kein echtes schwäbisches Kind", erklärt sie. „Ich kann zwar schwäbeln, aber das richtig breite Schwäbisch, das spreche ich nicht. Ich trage eben auch böhmisches Blut in mir." Tanjas Eltern sind Vertriebenenkinder aus dem ehemaligen Sudetenland, einem Gebiet im tschechischen Teil der damaligen Tschechoslowakei, das vor 1945 noch von 3,2 Millionen Deutschstämmigen bewohnt wurde. Nach Kriegsende wies die tschechoslowakische Regierung drei Millionen von ihnen nach Deutschland aus. Wie Tanjas Vater, 1926 geboren. Er stammt aus einem kleinen Dorf nahe Brünn, das Ende 1946 per Zug komplett zwangsausgesiedelt wurde: In Geislingen koppelten die deutschen Beamten den Waggon mit den Dorfbewohnern ab, woraufhin sich das ganze Dorf gemeinsam in der schwäbischen Kleinstadt niederließ. Seitdem existiert dort eine große Gemeinschaft ehemaliger Sudetendeutscher. Tanjas Mutter ist 1930 geboren und kommt aus dem kleinen Ort Haid nahe der deutschen Grenze. Sie floh 1948 mit ihrer Familie nach Bayern und landete als junge Frau berufsbedingt in Geislingen, wo sich die Eltern dann kennenlernten.

Tanja identifiziert sich noch heute stark mit der Heimat der Eltern und fühlt sich sehr zu Tschechien hingezogen. Auch ihr älterer Bruder begann vor kurzem, Tschechisch zu lernen. „Von meiner Mutter wird das nicht unbedingt gutgeheißen", erklärt Tanja. „Die vertriebenen Deutschen denken ja meist, sie wären beraubt worden und würden am liebsten alles zurück haben. Ich denke: Die Deutschen haben den Krieg angefangen und unglaublich viel Elend angerichtet. Unsere Vertriebenenschicksale sind Einzelschicksale. Damit müssen wir leben." In der alten Heimat der Mutter war Tanja schon oft: Mindestens alle zwei Jahre fährt sie mit ihrer Mutter und ihren älteren Brüdern nach Haid. Auch das Dorf des inzwischen verstorbenen Vaters hat sie schon gesehen. „Das war allerdings merkwürdig", erzählt sie. „Als wir dort ankamen, sagte mein Vater ständig: In dieser Straße wohnte der X und hier entlang wohnte der Y. Und ich kannte diese Leute alle. Bis mir klar wurde, dass sie alle gemeinsam nach Geislingen gebracht worden waren."

Tanja fühlt sich vor allem mit der Geschichte ihrer Mutter verbunden. Noch heute legt diese großen Wert darauf, die Traditionen ihrer Region Egerland im Sudetenland zu pflegen. Seit Tanja ein Kind ist, fährt sie jedes Jahr mit Mutter und Tante zu den Heimattreffen des Örtchens Haid in der Patenstadt Haids in Bayern. Zu diesem Anlass trägt Tanja die Originaltracht ihrer Großmutter. „Das ist besonders kostbar für mich", erklärt sie. „Ich fühle mich dann auch nicht verkleidet."

Gemeinsam mit Mutter und Tante hat sie auch schon Egerländer Trachten nach alten Mustern gefertigt, Röcke genäht, Strümpfe gestrickt und Samtlaibchen bestickt. Auch der traditionellen Egerländer Musik fühlt sie sich verbunden: Manchmal spielt sie mit ihrem Onkel bei den Heimattreffen alte Egerländer Stücke mit Geige und Dudelsack. Gleichwohl steht sie den Vertriebenen oft skeptisch gegenüber: „Wenn dann bayerische Politiker kommen, Reden halten und die alten Leute regelrecht aufhetzen, dass sie ihr Eigentum zurückerhalten sollen ... dann ärgert mich das jedes Mal", erzählt sie. „Warum sollen die Alten jetzt noch eine Entschädigung bekommen? Es wäre besser, sie würden endlich ihren Frieden mit der Geschichte schließen." Auch ihre Mutter habe viele Ressentiments, vor allem gegenüber Ausländern, berichtet Tanja. Sie selbst kann das nicht verstehen: „Meine Mutter hat am eigenen Leib erfahren, wie schlimm es ist, wenn man als Flüchtlingsmädchen nicht mit offenen Armen empfangen wird – und doch schimpft sie ständig über die Polen, die Russen, die Juden, die Türken, die Italiener. Sie kann ihr eigenes Schicksal leider nicht auf das anderer Leute übertragen. Das ist für mich nicht nachvollziehbar." Bei den Heimattreffen ist Tanja meist die Einzige aus der Nachfolgegeneration. Nicht alle verstehen, warum sie das überhaupt macht. „Ich erlebe immer wieder, dass ich mich vor Freunden dafür rechtfertigen muss", erklärt die Psychologin.

Sie findet jedoch, dass das Familientrauma des Heimatverlusts auch sie betrifft. Schon allein deshalb, weil ihre Eltern viel Kraft investieren mussten, um in der Fremde ein neues Leben aufzubauen – im Gegensatz zu vielen ihrer Geislinger Freundinnen, deren Familien schon seit Jahrhunderten auf der Schwäbischen Alb leben, in Häusern, die von Generation zu Generation weitergereicht wurden. Tanja kritisiert, dass viele Menschen einfach kein Gefühl dafür hätten, was es heißt, in der Fremde neu anzufangen. Sie selbst jedoch habe in der eigenen Familie erfahren können, wieviel Leid dies anrichten kann.

Obwohl Tanja ihre Mutter als fröhliche und lebensbejahende Frau beschreibt, muss sie deren tiefe Trauer über den Verlust der Heimat doch bereits als Kind sehr genau verspürt haben. Sie würde sich sonst wohl kaum so anstrengen, die längst vergangene Zeit durch ihre Besuche der Heimattreffen, das Tragen der Trachten und das Musizieren lebendig zu halten. Wiedergutmachung und Wiederbeschaffung von Verlorenem – das sind mütterliche Aufträge, die an Tanja als einzige Tochter und Nesthäkchen unbewusst weitergegeben wurden. Und die sie auch bereitwillig annimmt, um ihrer Mutter Freude zu machen. Tanja hat es auf sich genommen, die familiäre Geschichte und Identität am Leben zu erhalten, damit der Abschied nicht ganz endgültig ist. Gleichwohl weiß sie nicht, ob sie all das noch machen würde, wenn ihre Mutter nicht mehr am Leben wäre. „Meine Motivation, zum Heimattreffen mitzugehen, ist nicht ganz freiwillig", gibt sie zu bedenken. „Doch wenn ich meine Mutter nicht fahren würde, würde sie da auch nicht hinkommen. Und wenn ich schon mal da bin, ziehe ich auch die Tracht an."

Doch auch für sie selbst scheint das Treffen wichtig zu sein: Um ihre Mutter dorthin bringen zu können, nimmt Tanja einmal im Jahr den 800 Kilometer langen Weg von ihrem Wohnort Hamburg nach Geislingen auf sich. Sie fühlt sich trotz der räumlichen Distanz zur Mutter sogar verpflichtet, sich als Mitglied der Nachfolgegeneration für den Erhalt der Egerländer Traditionen einzusetzen: „Um die Musik, die Mundart und die Trachten muss sich doch jemand kümmern, wenn die Alten sterben", erklärt sie. „Wenn nicht ich – wer sonst? Aber hier in Hamburg gibt es keine Egerländer Musikgruppen, ich weiß also nicht, wie ich das bewerkstelligen soll."

Mutter und Vater gingen sehr unterschiedlich mit dem erlittenen Heimatverlust um. Der Vater äußerte nie Heimatgefühle und weigerte sich, auf Treffen von Heimatverbänden zu gehen. Er kam aus einer ärmlichen Familie und hatte keine guten Erinnerungen an seine Kindheit im Sudetenland. „Wenn Geburtstagskarten von seiner Heimatorganisation kamen, hat er sich immer geärgert", erklärt Tanja. „Er dachte wahrscheinlich: Wenn er dort geblieben wäre, wäre nichts aus ihm geworden." Entscheidend für sein Leben war offenbar ohnehin weniger die Vertreibung als die eigenen Kriegserlebnisse: Er wurde als junger Mann eingezogen, kam nach Russland und geriet anschließend in russische Gefangenschaft. Nur selten erzählte er seiner Familie von dieser Zeit: Wie die deutschen Offiziere ihm Schnaps zu trinken gegeben hätten, damit er mehr Mut zum Schießen hätte. Wie er in Gefangenschaft fast verhungert wäre. Er war jedoch nie in der Lage, das Trauma seiner Kriegshandlungen und der anschließenden Gefangenschaft zu bearbeiten und litt Zeit seines Lebens an Depressionen und Alpträumen. „Nachts bin ich manchmal von seinem Schreien aufgewacht", erinnert sich Tanja. „Dann bin ich zu ihm gegangen und habe ihn vorsichtig geweckt. Am nächsten Tag hat er sich dann bei mir bedankt." Er war ein schweigsamer und verschlossener Mann, dem Tanja nie richtig nahe kam. Dennoch fühlte sie sich stets verantwortlich für ihre Eltern: den depressiven Vater und die Mutter, die halb in der Vergangenheit lebt. Als Nesthäkchen stand Tanja oft zwischen ihnen und wusste nicht, wem sie nun zuerst ihre Zuwendung schenken sollte. „Das war als Kind nicht leicht", erinnert sie sich.

2003 beendete Tanja ihr Psychologiestudium und entschloss sich, nach Hamburg umzuziehen. Der Umzug in die Hansestadt war ein lang gehegter Traum – und ein großer Schritt. Möglicherweise lässt sich in ihm auch ein Stück weit Protest gegen die elterliche Bedürftigkeit und die indirekten Erwartungen der Mutter ablesen. Tanja sehnte sich nach mehr Distanz zu ihrer Familie, in deren Nähe sie stets gelebt hatte. Sie fand einen Job in Hamburg und dachte, nun würde ein ganz neues, anderes Leben beginnen. „Ich wollte erwachsen sein, autonom leben, Spaß haben, in der Großstadt neu anfangen", erzählt sie. „Ich dachte, heute ist doch alle Welt mobil, das schaffe ich auch."

Mit dem Umzug wollte Tanja sich abgrenzen und beweisen, dass sie nicht so war wie die Eltern: wenig weltoffen, wenig mobil, an die Vergangenheit gebunden. Insgeheim wünschte sie sich auch, sich selbst zu beweisen, dass sie niemals den Fehler ihrer Eltern machen würde, ihr Herz an nur einen Ort im Leben zu hängen. „Ich hatte nie verstehen können, dass meine Eltern aus Geislingen nicht wieder wegwollten", erklärt sie, „weil ich immer das Gefühl hatte, dass gerade ihre Erfahrungen ja beweisen, dass man nirgendwo völlig sicher ist."

Doch das Leben in Hamburg war viel schwerer, als sie gedacht hatte. Obwohl Tanja alles dafür tat, sich schnell einzuleben: Sie reduzierte bewusst ihre Kontakte nach Hause und war fast jeden Abend auf Konzerten und Partys unterwegs, um neue Leute kennenzulernen. „Ich habe mich richtig abgestrampelt, um glücklich zu werden, ganz nach dem Motto: ‚Jeder ist seines Glückes Schmied'", erzählt sie. „Doch dabei bin ich immer unglücklicher geworden. Wie ein Hamster im Laufrad kam ich mir vor." Es gelang ihr nicht, schnell heimisch zu werden und sich zu beweisen, dass man sich überall einleben könne, wenn man nur wolle.

Bereits nach zwei Monaten kam der Zusammenbruch. Die Diagnose: Belastungsdepression. „Sobald ich allein war, musste ich nur noch heulen: Auf dem Fahrrad, zu Hause ... egal wo", erklärt sie. „Ich war dann ziemlich lange krankgeschrieben." Sicherlich spielte bei Tanjas Depression die familiäre Vorbelastung durch die depressive Erkrankung des Vaters eine Rolle. Es ist aber wahrscheinlich, dass auch die Flüchtlingsvergangenheit von Tanjas Eltern einen Teil zur Entwicklung dieser Symptomatik beitrug. Als Kind von Vertriebenen fiel es Tanja sicher besonders schwer, die eigenen Wurzeln so radikal zu kappen. In Hamburg spürte sie dann, dass man nicht durch Willensanstrengung heimisch werden kann: In ihr waren noch zu viele Ängste und Unsicherheiten lebendig, um sich ohne größere Probleme an einem gänzlich fremden Ort niederlassen zu können.

Mangelndes Vertrauen in die Stabilität der Welt um sie herum, ein Gefühl von Heimatlosigkeit und Unverwurzeltsein, die familiären Verlusterfahrungen, möglicherweise auch Schuldgefühle gegenüber der eigenen Familie wegen dieses radikalen Schritts der Abnabelung ... In Tanjas Depression brachen sich diese Ängste Bahn.

Für Tanja war die Krankheit der Beginn einer intensiven Selbstauseinandersetzung und damit auch einer Konfrontation mit der Geschichte der Eltern. Eine Psychotherapie und Medikamente halfen ihr, Schritt für Schritt wieder auf die Beine zu kommen. Sie nutzte die Krise, um ihre Familiengeschichte aufzuarbeiten und ein gutes Stück voranzukommen.

„Die Therapie hat mir geholfen, mich besser kennenzulernen", erklärt sie. „Sie hat mich vorwärtsgebracht, ganz allgemein.

Reifer und resistenter gemacht." Tanja versucht nun, mehr von ihrer Mutter über die Familiengeschichte zu erfahren, um durch das Wissen über ihr Schicksal auch mehr über die eigenen Prägungen zu lernen. Das ist jedoch nicht immer einfach, denn die Mutter ist nicht mehr die Jüngste. „Ich muss aufpassen", erklärt Tanja. „Ich darf ihr nicht das Gefühl vermitteln: ‚Erzähle mir was von dir, solange du noch lebst – denn bald bist du nicht mehr da, dann kann ich dich nicht mehr fragen.'"

„Ich hatte Angst, alles zu verlieren, was ich habe."

Krieg, Lager, Vertreibung – es gibt zahlreiche leidvolle Erfahrungen in Agnes Familiengeschichte. Diese weit zurückliegenden Erlebnisse werfen lange Schatten. Über Jahrzehnte schweißte das unverarbeitete Trauma die Familie zu einer symbiotischen Schicksalsgemeinschaft zusammen, aus der sich zu lösen kaum möglich schien. So wirken die unverarbeiteten Erfahrungen der Großeltern bis in die dritte Generation hinein. Auch Agnes, 1971 geboren, spürt noch heute Heimatlosigkeit und Verunsicherung in sich. Obwohl ihr Leben rein äußerlich ganz stabil ist: Die Journalistin wohnt mit ihrem Mann und zwei Töchtern in ihrer Geburtsstadt Ulm.

Agnes' Familie mütterlicherseits stammt aus einem deutschen Dorf in Serbien, aus einem Gebiet, das man damals Donau-Schwaben nannte. Bereits im 17. Jahrhundert hatten deutsche Bauern im Auftrag der österreichisch-ungarischen Monarchie die überwiegend entvölkerten Gebiete der Donauebene in Serbien, Kroatien, Rumänien und Ungarn zu besiedeln begonnen. Vor Kriegsende lebten dort gut 1,5 Millionen Donauschwaben. Zu Beginn des Zweiten Weltkriegs traten viele von ihnen der NSDAP bei und kooperierten mit der deutschen Besatzungsmacht. Die Rache für die durch die Deutschen erlittenen Demütigungen folgte gegen Kriegsende: Diejenigen Deutschen, die nicht vorher schon geflohen waren, wurden Opfer der Vergeltungsaktionen der kommunistischen Partisanen. So auch Agnes' Großmutter, 1923 geboren.

Sie hatte Serbien nicht verlassen wollen: Mit ihren erst drei und fünf Jahre alten Kindern traute sie sich die Flucht nicht zu. Außerdem war sie vollkommen auf sich gestellt, denn ihr Mann, 1916 geboren, war verschwunden. Er war der Waffen-SS beigetreten und irgendwo im Osten möglicherweise an den Kriegsverbrechen der Nationalsozialisten beteiligt – Genaueres weiß niemand. Schließlich wollte die Großmutter auch die Urgroßmutter nicht allein im Dorf zurücklassen, denn auch der Urgroßvater war kurz vor Kriegsende noch eingezogen worden.

Ende 1944 wurde Agnes' Großmutter gemeinsam mit anderen jüngeren Frauen aus dem Dorf abgeholt und vor eine russische Kommission gestellt. Kinderlose Frauen und Frauen mit nur einem Kind wurden umgehend nach Russland zur Zwangsarbeit in einem Kohlebergwerk transportiert. Frauen mit zwei oder mehr Kindern brachte man ins serbische Lager Jarek, wo zwischen Dezember 1944 und April 1946 unter elenden Bedingungen knapp 15.000 Deutschstämmige interniert waren. Auch Agnes' Großmutter wurde zum Arbeitsdienst in Jarek verurteilt. Selbst ihre Kinder und die alte Mutter wurden dorthin gebracht, allerdings in einen entfernten Teil des Lagers. Während die arbeitenden Internierten sich über ihre Arbeitseinsätze noch hin und wieder etwas zu essen beschaffen konnten, waren die Überlebenschancen der Alten und Kinder in dem Lager für nichtarbeitsfähige Internierte äußerst gering: Es gab fast nichts zu essen, so dass mindestens 9.300 der insgesamt 15.000 Inhaftierten bis 1946 an Entkräftung oder grassierenden Krankheiten starben. Auch Agnes' Großmutter sollte ihre Kinder und Mutter nie wiedersehen. „Meine Großmutter sagt, sie habe ungefähr nach einem Jahr im Lager von einem Bekannten erfahren, dass ihre beiden Kinder und ihre Mutter tot wären", erzählt Agnes. „Man kann sich nicht vorstellen, wie man nach diesen Erlebnissen noch weiterleben kann. Ich vermute, dass sie danach nur noch den Impuls hatte, sich selbst zu retten." Im April 1946 wurde das Lager geschlossen, nachdem das Rote Kreuz Druck auf die jugoslawische Regierung ausgeübt hatte. Über Österreich floh Agnes' Großmutter nach Deutschland und machte über das Rote Kreuz ihre Schwester und ihren Vater in einem Sammellager in Süddeutschland ausfindig. Gemeinsam zogen sie in eine Flüchtlingssiedlung in der Nähe von Ulm, wo 1948 auch der Großvater zu ihnen stieß. Er war erst kurz zuvor aus französischer Kriegsgefangenschaft entlassen worden und hatte seine Frau ebenfalls über das Rote Kreuz gefunden. Zehn Monate später, 1949, wurde Agnes' Mutter geboren. Dieses Kind sollte endlich leben.

In Agnes' Familie wurde über die schrecklichen Kriegserlebnisse nur selten gesprochen. „Mein Großvater war ein sehr verschlossener Mensch, der sich in den Keller an seine Werkbank verzog, wenn ihn etwas belastete. Über die Zeit bei der Waffen-SS weiß ich gar nichts. Er sprach nie darüber und starb auch schon, als ich 16 war", erzählt Agnes. „Meine Großmutter hat mir viel aus der alten Heimat erzählt. Aber die Lager- und Fluchtgeschichten habe ich als Kind nur aus den Erzählungen der Erwachsenen mitbekommen. Erst als ich größer wurde, habe ich angefangen, selbst nachzufragen. Aber nicht so oft, weil meine Oma anschließend meist Alpträume hatte." Agnes ist sicher, dass sie noch viel schlimmere Dinge erlebte, als sie berichtete. „Man erzählt es vermutlich nur so, wie man es aushalten kann", überlegt sie.

Sie findet es dennoch erstaunlich, wie gut ihre Großeltern trotz der schrecklichen Täter- und Opfererfahrungen funktionierten. Agnes vermutet, dass die Großeltern sich durch Arbeit vor dem depressiven Absturz bewahrten. „Sie haben sich wohl mit sehr viel Disziplin, harter Arbeit und dem materiellen Aufbau eines neuen Lebens aus ihrem Trauma gerettet", glaubt sie. „Sie hatten ja bei Null angefangen und es dann zum schwäbischen Eigenheimbesitzer geschafft."

Agnes Mutter litt unter der Bürde der Familiengeschichte. Sie beklagte sich oft, dass sie als Kind vernachlässigt worden sei. „Sie erzählte, dass die Großeltern immer nur damit beschäftigt gewesen wären, Geld zu verdienen und das Haus zu bauen", berichtet Agnes. „Offenbar wurde sie viel hin- und hergeschoben." Von Kindheit an begleitete Agnes Mutter das Gefühl, zu kurz gekommen zu sein. Doch sie durfte nicht klagen: Sie hatte überlebt, also musste es ihr gut gehen. Vermutlich spürte sie den Schmerz der Eltern und merkte intuitiv, dass sie diese nicht mit Problemen oder Ängsten belasten durfte. Gleichzeitig aber gelang es Agnes Mutter nicht, sich von ihren Eltern zu lösen: Als sie mit 22 Jahren ungeplant schwanger wurde und die Beziehung zu Agnes Vater wenige Monate nach der Geburt zerbrach, lieferte die Mutter die kleine Agnes jeden Tag bei den Großeltern ab, damit sie weiterhin ihrer Arbeit als Krankenschwester nachgehen konnte. Möglicherweise war Agnes' Geburt für die Mutter entlastend, denn nun gab es ein weiteres Kind, das den Großeltern über den Schmerz hinweghelfen konnte. Später zog sie mit ihrer Tochter wieder ins Haus der Großeltern ein – so war die Familie erneut unter einem Dach vereint. Unbewusst spürte Agnes Mutter sicherlich, dass sie den Großeltern eine Trennung von ihr, dem einzigen überlebenden Kind, nicht hätte zumuten können. Trennungen waren in dieser Familie ein traumatisches Thema, schließlich hatten die beiden älteren Geschwister infolge einer Trennung ihr Leben lassen müssen.

Agnes spürt die Fragilität ihrer Mutter sehr genau. „Schon als Kind hatte ich das Gefühl, mich um meine Mutter kümmern zu müssen", erzählt sie. „Weil sie alleinerziehend war und es ihr oft nicht gut ging. Es war ein umgedrehtes Verhältnis: Ich meinte, die Verantwortung für uns tragen zu müssen."

Agnes glaubt, dass die Mutter bis heute von den Erlebnissen der Großeltern geprägt ist. Seit vielen Jahren ist sie chronisch schmerzkrank. Doch die Mutter lehnt es ab, über die Geschichte ihrer Eltern zu sprechen. „Ich weiß nicht, wie ich sie dazu bewegen soll, sich mit der Vergangenheit zu beschäftigen, wo sicherlich viele Gründe für ihr Leiden liegen könnten", fragt sich Agnes. „Momentan versuche ich, sie zu überzeugen, in eine psychosomatische Klinik zu gehen. Doch sie hat Schwierigkeiten, sich um sich selbst zu kümmern. Sie sagt immer ‚Da kann mir ja doch keiner helfen'."

Über die körperlichen Schmerzen der Mutter finden sicher auch die schwierigen Erfahrungen der Großeltern ihren Ausdruck. Agnes Mutter war emotional vernachlässigt worden und hatte womöglich von klein an nicht gelernt, ihr Leiden zu benennen und sich dessen bewusst zu werden. Da blieb nur der Ausweg in den Schmerz. Doch obwohl sie ganz offensichtlich bedürftig ist, kann die Mutter keine Hilfe annehmen – sie fürchtet sowohl die Autonomie als auch sich auf Neues einzulassen – seien es nun Menschen oder neue Wege. Ihre Mutter, Agnes Großmutter hingegen, versteht bis heute nicht, warum die Tochter nicht glücklich ist – schließlich hat sie überlebt: „Meine Oma kann sich überhaupt nicht vorstellen, dass meine Mutter psychisch belastet sein soll", erklärt Agnes. „Bei ihr stößt dieser Gedanke auf völliges Unverständnis."

Agnes empfand dieses Umfeld von klein auf als schwierig. „Mir fehlte irgendwie immer das Gefühl: Da gibt es ein Elternhaus, dahin kann ich zurückkommen", erklärt sie. Es gab zu viel Trauer, zu viel Abhängigkeit, zu wenig Autonomie, zu wenig Lebensfreude: Die Mutter war selbst zu kurz gekommen, die Großmutter „streng und autoritär", der Großvater verschlossen. Niemand konnte Agnes in dieser Familie vorleben, wie man ein eigenständiges Leben führt. Ein Gefühl von Stabilität und Vertrauen in ihre Selbstständigkeit wurde ihr kaum vermittelt – wie auch, angesichts der vielen familiären Verlusterfahrungen, die nur in der Symbiose zu bewältigen zu sein schienen?

Wie diese grundlegende Lebensverunsicherung sich auch auf Agnes übertrug, zeigt sich in ihrem persönlichen Werdegang. Obwohl sie sich wünschte, hinaus in die Welt zu ziehen, konnte sie sich weder von ihrer Familie noch von ihrem Geburtsort lösen, zu dem sie sich als Kind einer Flüchtlingsfamilie jedoch gleichzeitig nie wirklich zugehörig gefühlt hatte. „Ich hatte immer große Schwierigkeiten, von hier wegzugehen, aus der Angst heraus, die Heimat oder die Bodenhaftung zu verlieren", erklärt sie. „Ich dachte immer: Wenn ich das hier hinter mir lasse, dann verliere ich alles, was ich habe."

Nach dem Abitur hatte Agnes den Wunsch, Lehrerin zu werden und zog nach Tübingen, um dort auf Lehramt zu studieren. Nach nur zwei Jahren brach sie das Studium ab, um nach Ulm zurückzukehren und dort ein journalistisches Volontariat bei einem lokalen Zeitungsverlag aufzunehmen. Auch später versuchte Agnes immer wieder, aus Ulm und dem Lokaljournalismus herauszuwachsen, doch auch bei weiteren Anläufen gelang ihr der Absprung nicht. Sogar, als sich nach einem Praktikum bei einer Frauenzeitschrift in Hamburg die Möglichkeit einer festfreien Mitarbeit ergab, konnte sie das verlockende Angebot nicht annehmen. „Mir gefiel die Art des Schreibens super, aber ich traute mich nicht, einfach nach Hamburg zu gehen und zu sagen: Hier bin ich, hier schlage ich mich alleine durch", erklärt sie. „Leider habe ich mich nie so frei gefühlt, mal hier, mal dort leben zu können. Und jetzt ist es vorbei mit dieser Karriereoption." Mit Job und Familie hat Agnes sich nun an Ulm gebunden.

Agnes Gefühl der Heimatlosigkeit, das Gefühl nirgendwo geborgen zu sein, ist mit Sicherheit ein Erbe der Vertreibungs-, Verlust- und Fluchterfahrungen der Großeltern. Schon seit längerem setzt sie sich mit diesem Erbe intensiv auseinander: Sie geht stellvertretend der Familiengeschichte nach, wie es so viele andere Kinder von Kriegskindern auch tun. Vor allem die Gespräche mit ihrem Ehemann, einem spät geborenen Sohn von Eltern aus der Generation von Agnes Großeltern, helfen dabei. „Wir haben in der Familie ähnliche Erfahrungen von Flucht und Vertreibung gemacht", erklärt Agnes. „Es ist schon interessant, wie sich das zusammenfügt."

Einerseits ist es für Agnes wichtig, das eigene Leiden zu verstehen, andererseits möchte sie nicht dem Zwang zur Wiederholung erliegen. Fast wäre dies allerdings geschehen: Auch sie wurde mit 19 ungewollt schwanger von einem Mann, der wie ihr

Vater kein Interesse daran hatte, eine Familie zu gründen. Agnes entschloss sich jedoch, abzutreiben.

„Wenn ich das Kind bekommen hätte, hätte ich das allein machen müssen. Und dann hätte ich womöglich dieselbe Situation erlebt wie meine eigene Mutter", reflektiert sie. „Ich hätte mich in eine permanente Abhängigkeit von meiner Großmutter und Mutter gebracht. Diese Vorstellung war für mich so abschreckend, dass ich mich entschied, das Kind nicht zu bekommen." Über die Entscheidung abzutreiben, muss Agnes noch heute immer wieder nachdenken – vor allem, seit sie zwei kleine Töchter hat. Letztlich fühlt sich der Entschluss aber nach wie vor richtig an: Agnes ist sich unsicher, ob es ihr sonst gelungen wäre, sich aus der Enge ihrer Herkunftsfamilie zu lösen.

Die 37-Jährige hofft heute, dass sie inzwischen nichts mehr an ihre Kinder weitergeben muss. „Mir ist wichtig, dass sie eine stabile Kindheit erleben, und wir ihnen auch intellektuell eine gewisse Förderung zukommen lassen", erklärt sie. „Denn weder um meine emotionale Entwicklung noch um meine Zukunft hat man sich besonders gekümmert. Ich habe mir alles selbst erarbeitet. Und das war nicht immer leicht."

„Ich trage die Heimat nicht in mir."

„Das Thema Heimat beschäftigt mich seit Jahren", erklärt Sabine. „Wo gehöre ich eigentlich hin und wieso finde ich keine Wurzeln? Das frage ich mich immer wieder." Die Sozialpädagogin sehnt sich nach einem Ort, an dem sie sich heimisch fühlen kann – und hat doch das Gefühl, nie anzukommen. Jeder Wohnungswechsel, jeder Umzug lösen bei der heute 40-Jährigen wieder Unruhe und Angst aus. Manchmal befürchtet Sabine sogar, dass sie diese Wurzellosigkeit an ihre kleine Tochter weitergeben wird: „Ich habe irgendwie das dumpfe Gefühl, meiner Tochter keine Heimat anbieten zu können, solange ich selbst nicht angekommen bin."

Erst seit kurzem ahnt Sabine, worin ihre Ängste begründet sein könnten. Die Beschäftigung mit ihrer Familiengeschichte im Rahmen einer Weiterbildung zur Systemischen Beraterin zeigte der Sozialpädagogin, dass die Flucht- und Vertreibungserfahrungen, die ihre Eltern als Kinder erlebten, auch auf sie prägenden Einfluss hatten. „In meinem Genogramm stieß ich immer wieder auf das Familienthema Heimatlosigkeit", erklärt sie. „Und seitdem fügen sich mehr und mehr Puzzleteile zusammen."

Sowohl Sabines Vater als auch ihre Mutter sind Flüchtlingskinder: Der Vater ist 1932 in Ostpreußen geboren, die Mutter 1934 in Schlesien. Trennungen und Verluste durchziehen die Kindheit und Jugend von Sabines Mutter wie ein roter Faden. Sie wuchs mit ihrer Mutter und drei älteren Geschwistern in einem kleinen Dorf in Schlesien auf. Der Großvater war bereits zu Beginn des Krieges an einer Lungenentzündung gestorben. Als im Winter 1944 die ersten Flüchtlingstrecks durchs Dorf rollten, entschied die Großmutter, dass die Familie nicht fliehen würde. „Meine Oma sah, dass es den Flüchtlingen sehr elend ging", erzählt Sabine. „Da sagte sie zu meiner Mutter: ‚Wir sterben lieber hier als auf der Flucht.'" Anfang Januar 1945 erreichte die sowjetische Armee schließlich Schlesien – und hinterließ eine Spur der Verwüstung: Dörfer und Ortschaften wurden zerstört, Flüchtlingstrecks überrollt, es kam zu unzähligen Vergewaltigungen und Erschießungen. Vor allem die nachrückenden sowjetischen Einheiten nahmen Rache an den Deutschen – eine Reaktion auf den Feldzug der Wehrmacht in der Sowjetunion.

Sabines Mutter erlebte das Eintreffen der sowjetischen Armee als traumatisch. Bei den massiven Übergriffen von russischen Soldaten auf deutsche Frauen im Dorf wurde auch Sabines Großmutter mehrfach vergewaltigt. „Meine Mutter hat das als knapp Zehnjährige alles miterlebt", berichtet Sabine. „Nach den Übergriffen ist meine Oma schwer krank geworden, so schlimm, dass es um Leben und Tod ging. Es muss wirklich furchtbar gewesen sein."

Sabines Mutter erzählte ihrer Tochter oft von den Erlebnissen aus dieser Zeit: Zum Beispiel von dem Tag, als die russischen Soldaten im Dorf ankamen und alle Frauen sich auf dem Dorfplatz versammeln mussten. Als sie sich den Soldaten gegenübersah, geriet die junge Nachbarin der Familie in Panik, versuchte Reißaus zu nehmen und wurde daraufhin mit einem Kopfschuss niedergestreckt – sie kam neben Sabines Mutter zu Fall. „Wenn meine Mutter das erzählt, stockt ihr immer noch der Atem und sie fängt an zu weinen", erzählt Sabine. „Dann merkt man, was an unverarbeiteten Traumata in ihr schlummert. Und ich denke immer: Wie kann man danach noch ein geregeltes Leben hinkriegen?"

Als es der Großmutter wieder besser ging, flüchtete die Familie nach Deutschland und wurde in der Nähe von Augsburg angesiedelt. Doch auch dort blieben sie nicht lange: Als der älteste Sohn bei einem Autounfall ums Leben kam, zog die Familie weiter nach Nordrhein-Westfalen. Im Krankenhaus der Kleinstadt Beckum fand Sabines Mutter eine Anstellung als Krankenschwester und lernte dort schließlich Sabines Vater kennen. Auch er war ein Flüchtlingskind aus dem Osten; als 13-Jähriger war er 1945 mit seiner Familie von Ostpreußen nach Nordrhein-Westfalen geflohen.

Über die Flucht des Vaters wusste Sabine bis vor kurzem überhaupt nichts. „Neulich hat er zum ersten Mal darüber gesprochen", erzählt sie. „Als dieser Zweiteiler *Die Flucht* im ZDF lief. Er rief mich an und fragte: ‚Hast du den Film gesehen?' Als ich das verneinte, sagte er: ‚Wieso nicht? Ich war doch dabei!' Da erfuhr ich erst, dass er die Flucht übers Haff mitgemacht hat. Er erzählte mir dann zum ersten Mal von den Dramen, die er dort erlebt hatte: Wie Familien sich verloren, Wagen im Eis einbrachen, Menschen ertranken, kleine Kinder starben, alle Hunger litten." Der Film bewegte eine Menge im Vater. Schmerzliche Erinnerungen und Hassgefühle auf die Polen und die Russen kamen anschließend in ihm hoch. „Natürlich weiß er, dass eigentlich Hitlerdeutschland die Schuld daran trägt, dass sich die Geschichte so entwickelt hat", erklärt Sabine. „Als er dann aber so plötzlich mit seinen Erinnerungen konfrontiert wurde, ging doch die Objektivität flöten." Irgendwann will sich Sabine den Film auch anschauen, um besser nachvollziehen zu können, wovon der Vater erzählt. „Ein bisschen Angst habe ich aber schon davor", meint sie. „Zu wissen, dass mein Vater das erlebt hat – das stelle ich mir belastend vor."

Die Belastung ihrer Eltern hat Sabine immer sehr genau spüren können. Zwar sprachen sie nicht unablässig von der alten Heimat, aber die traumatischen Kriegserlebnisse der Mutter und das eiserne Schweigen des Vaters signalisierten Sabine schon als Kind, dass die Eltern unter ihrer Vergangenheit litten.

Wie mächtig die Erinnerungen der Eltern waren, wurde Sabine jedoch erst als junge Erwachsene bewusst, als die Eltern eine Reise in die alte Heimat unternahmen. „Für meine Mutter war es nicht ganz so schlimm, weil zumindest ihr altes Haus in Schlesien noch stand und sie vieles wiedererkennen konnte. Sie hatte dort ja auch glückliche Zeiten erlebt und war froh, noch mal da gewesen zu sein", berichtet Sabine. „Doch das Haus meines Vaters in Ostpreußen stand nicht mehr. Als er nichts wieder vorfand, was er noch in Erinnerung hatte, war er sehr geknickt – das war für ihn wie ein verlorener Ort. Wenn er heute von dieser Reise erzählt, fängt er fast an zu weinen. Und er weint nicht schnell."

Sabines Eltern setzten alles daran, in Beckum heimisch zu werden. Der Vater arbeitete seine ganze Berufstätigkeit hindurch sechs Tage die Woche, damit die Familie sich ein schönes Haus bauen konnte – nicht etwa in der örtlichen Friedland-Siedlung für Vertriebene, sondern in einem Alt-Beckumer Gebiet. Sabines Eltern wollten keine Flüchtlinge – sie wollten Beckumer sein. Dieser Ort sollte ihre neue Heimat werden.

Über Jahrzehnte wurde jeder Taler umgedreht, damit der Traum von Eigenheim verwirklicht werden konnte. Vor allem der Mutter sei es wichtig gewesen, ein eigenes Haus zu haben, meint Sabine: „Sie hatte immer das Gefühl, sich einen Platz im Leben schaffen zu müssen, eine Lücke schließen zu müssen. Etwas, das sie verloren hat, durch eigene Aktivität wieder herzustellen." Es war ihr ein Bedürfnis, ihre Verlusterfahrungen zu überwinden, indem sie sich neu verwurzelte – sicher in der Hoffnung, dann endlich zur Ruhe kommen zu können.

Doch dieses Vorhaben wollte nicht gelingen: Auch der äußere sichere Rahmen konnte den inneren Verlust nicht kompensieren. Trotz des unbedingten Willens, sesshaft zu werden, fühlten sich die Eltern in Beckum nie zugehörig. Bis heute haben sie nur wenig soziale Kontakte im Ort. Irgendwie sind sie Fremde geblieben. „Meine Mutter sagt immer zu mir: ‚Beckum ist unser Zuhause, weil wir euch dort großgezogen haben. Aber es ist nicht Heimat'", berichtet Sabine. Auch sie selbst habe dieser Gedanke geprägt: „Ich hatte schon als Kind das Gefühl, ich gehöre eigentlich in die Friedland-Siedlung. Ich fühlte mich immer anders als meine Beckumer Freundinnen, deren Großeltern schon dort geboren waren und während des Krieges keine großartigen Dramen erlebt hatten." Trotz aller Anstrengungen konnte die Familie ihre Flüchtlingsidentität nicht einfach abstreifen.

Auch Sabine fühlt sich nicht frei, an einem neuen Ort Wurzeln zu schlagen. Obwohl sie den starken Drang hat, sich dauerhaft irgendwo niederzulassen: Sesshaft werden, Sicherheiten schaffen und ein geordnetes Leben führen, das sind Themen, mit denen Sabine sich identifiziert, seit sie ein Kind ist.

Schon mit 12 Jahren nahm sie einen Ferienjob im Unternehmen des Vaters an, mit dem erklärten Ziel, nun auf ein eigenes Haus im Grünen sparen zu wollen. Später kamen verschiedene Babysitter-Jobs hinzu, so dass sie mit Anfang 20 bereits über ein kleines Startkapital für ihr Häuschen im Grünen verfügte.

„Man muss vorsorgen, etwas zur Seite legen, für schlechte Zeiten sorgen, seine kleine Welt sichern ... diese Gedanken haben mich noch heute fest im Griff. Das hat bestimmt mit der Geschichte meiner Eltern zu tun", analysiert Sabine. Sich auf diese Weise mit dem elterlichen Lebensentwurf zu identifizieren, deren Ängste und Sehnsüchte zu übernehmen, schränkt Sabine jedoch auch stark ein: „Eigentlich finde ich es furchtbar", bedauert sie. „Das steckt inzwischen so in mir drin, dass ich denke, ich werde das gar nicht mehr los. Ich merke, dass ich schon jetzt beginne, diese Haltung auf mein Kind zu übertragen: Dieses ‚Erst die Pflicht, dann die Kür.' Nur mache ich das so extrem, dass es für mich kaum noch Kür gibt."

Es ist wohl auch auf diese eingeimpfte Sparsamkeit zurückzuführen, dass Sabine 14 Jahre lang in ihrer winzigen Studentenwohnung inmitten eines sozialen Brennpunkts in Bochum wohnen blieb – obwohl sie bereits nach vier Jahren ihr Studium abgeschlossen und einen guten Job gefunden hatte. „Ich sagte mir: In dieser billigen Wohnung spare ich so viel Geld, dass ich auf einen Schlag alle meine Bafög-Schulden abzahlen und dann weiter für mein Häuschen im Grünen sparen kann", erzählt sie. „Und dafür habe ich 14 Jahre in einer Studentenbude gewohnt. Darüber kann ich heute nur den Kopf schütteln."

Erst nach dem Tod einer Freundin gelang es Sabine, diese Werte in Frage zu stellen: „Da habe ich mir gesagt: Du musst jetzt aufhören, immer nur für die Zukunft zu leben. Von der Geschichte meiner Eltern hatte so viel auf mich abgefärbt." Sabine entschloss sich, ihr Leben zu ändern. Sie zog in eine große Wohnung, kaufte sich ein Auto und begann, sich selbst mehr zu gönnen.

Heute lebt Sabine mit ihrer Familie in einem großen alten Haus – zwar nicht im Grünen, aber immerhin doch im Eigenheim. Doch irgendwie hat sie noch immer das Gefühl, nicht ganz angekommen zu sein. Wie wichtig und schmerzbesetzt das Thema Heimat für sie ist, wurde ihr bei der Entscheidung bewusst, zu ihrem Mann zu ziehen.

Einige Jahre lang hatten Sabine und ihr Mann eine Wochenendbeziehung geführt und pendelten regelmäßig zwischen Bochum und Remscheid, wo ihr Mann eine Arztpraxis hat. Als Sabine irgendwann herausfand, dass sie schwanger war, konnte sie sich zunächst kaum freuen: „Mein erster Gedanke war: ‚Hilfe, jetzt muss ich weg.' Das hat mich fünf Monate meiner Schwangerschaft beschäftigt", erzählt sie. „Ich war furchtbar traurig, weil ich solche Angst hatte, in eine andere Stadt zu gehen, auch wenn sie nur fünfzig Kilometer entfernt ist. Nach neunzehn Jahren in Bochum hatte ich wirklich das Gefühl: Hier ist mein Zuhause." Erst als ihre Tochter knapp zwei war, traf Sabine die Entscheidung, nach Remscheid zu ziehen. Nicht ganz freiwillig: Ihr Mann war nicht mehr bereit, drei mal die Woche abends nach Bochum zu pendeln.

Nun lebt Sabine seit zwei Jahren in Remscheid. Sie fühlt sich zwar noch immer nicht ganz zu Hause, doch inzwischen schwinden auch die Gefühle für Bochum: Dass auch diese Stadt ihr langsam fremd wird, musste sie feststellen, als sie dort kürzlich eine Feier besuchte. „Das war ein ganz schlimmes Gefühl für mich", erzählt sie, „weil ich den Eindruck hatte: Wenn das jetzt weg ist, was bleibt mir dann noch?" Sich so wurzellos zu fühlen macht ihr Angst: „Heimat hat bei mir ganz klar etwas mit Geographie zu tun. Ich trage sie nicht in mir", reflektiert sie. „Ich hätte sie aber gern in mir, weil ich denke, dass Menschen, die ihre Heimat in sich tragen, viel freier sind. Das ist bei mir leider nicht der Fall."

3. Ein Leben in Sicherheit und frei von Mangel
Von dem Wunsch nach persönlicher Entwicklung und Selbstverwirklichung

In den Jahren unmittelbar nach dem Krieg waren die meisten Deutschen nicht willens und möglicherweise auch nicht in der Lage, sich mit der Schuld Deutschlands auseinanderzusetzen. Die Nazis, das waren und blieben die anderen: Hitler, Göring, Goebbels, Himmler, Eichmann. Über den Holocaust wurde allenfalls hinter vorgehaltener Hand gesprochen. Das erschreckende Defizit an Trauerarbeit der deutschen Bevölkerung war neben einem unbewussten Schuldgefühl wohl in Teilen auch der Sorge um die eigene Existenz in den schwierigen Nachkriegsjahren geschuldet. Wohnungen waren Mangelware, Lebensmittelrationen knapper als zu Kriegszeiten, Hunger, Kälte, Krankheiten an der Tagesordnung. Vor allem die Vertriebenen sahen sich, kaum in den einzelnen Besatzungszonen Deutschlands angekommen, mit einer Vielzahl neuer Probleme konfrontiert: Wohnraum, Hausrat, Kleidung, Wäsche mussten beschafft werden, meist auf dem Schwarzmarkt. Viele Menschen wohnten über Jahre hinweg in Notquartieren. Noch im Oktober 1946 lebten in Bayern 146.000 Flüchtlinge in Massenunterkünften, unter fürchterlichen Bedingungen. Erleichterung verschafften lediglich die 600.000 Care-Pakete, die noch 1947 monatlich aus den USA ins hungernde Deutschland geschickt wurden.

Erst mit der Währungsreform wurde das viel beschworene „Wirtschaftswunder" eingeläutet: Als am 20./21. Juni 1948 die Deutsche Mark die wertlos gewordene Reichsmark ersetzte, füllten sich schließlich die Geschäfte mit den Waren, die vorher nur auf dem Schwarzmarkt erhältlich gewesen waren. Doch auch die langsam fortschreitende Verbesserung der Lebensumstände der Deutschen führte nicht zu einer intensiveren Beschäftigung mit den Verbrechen der Nationalsozialisten, wie der „Song vom Wirtschaftswunder" des Kabarettisten Günter Neumann belegte: „Jetzt kommt das Wirtschaftswunder / Jetzt kommt das Wirtschaftswunder / Die Läden offenbaren / Uns wieder Luxuswaren / Die ersten Nazis schreiben fleißig / Ihre Memoiren / Denn den Verlegern fehlt es an Kritik / Ist ja kein Wunder nach dem verlorenen Krieg."

Für die Kriegskinder saß das Trauma der vielen Verluste, Entbehrungen und Mangelerfahrungen tief. Noch Ende 1947 hatten einer Umfrage zufolge von 110.000 Schulkindern in Fürth gut 60 Prozent keine festen Schuhe, 40 Prozent keine Winterkleidung und 35 Prozent teilten ihr Bett mit ein oder zwei Geschwistern. In Mannheim gaben 70 Prozent der Kinder an, dass die Eltern nichts zum Heizen hätten; 12 Prozent von ihnen litten an Hungerödemen. Auch die Möglichkeiten zur Schul-, Aus- und Weiterbildung waren in den Nachkriegsjahren stark eingeschränkt: 1952 fehlte trotz siebenjährigen Wiederaufbaus noch ein Viertel des Schulbestands von 1939, Lehrer gab es viel zu wenige und auch Lehrmittel waren knapp.

Dennoch zeigten die meisten Jugendlichen in den Jahren nach dem Krieg eine sehr große Bereitschaft zum gesellschaftlichen Aufstieg. Die Mehrzahl der jungen Menschen wollte rasch erwachsen werden, um auf diese Weise Anschluss ans Wirtschaftswunder zu erhalten – wie der Kulturwissenschaftler Hermann Glaser in seinem Buch *Kleine deutsche Kulturgeschichte von 1945 bis heute* so treffend beschreibt: „Die in Kriegs- und Nachkriegszeit erfahrene Not und Gefährdung der eigenen Familie durch Flucht, Ausbombung, Deklassierung, Besitzverlust, Wohnungsschwierigkeiten, Schuld- und Ausbildungsmängel oder gar durch den Verlust der Eltern bzw. eines Elternteils hatten einen starken Realitätssinn hervorgerufen. Die überwältigende Mehrheit der Jugend erfüllte mit Emsigkeit und Fleiß die ihnen zugewiesene Rolle, nämlich als angepasste Akteure einer nivellierten

Mittelstandsgesellschaft zu fungieren, der materieller Fortschritt viel, Trauerarbeit über die Zeit des Nationalsozialismus wenig bedeutete. Die Anpassung an die herrschenden Normen war aber – und das unterschied diese Jugendjahre von früheren Zeiten – weniger das Ergebnis autoritären Zwangs, als Folge der Erfahrung in der desolaten Trümmerzeit."

Jahrzehntelang waren viele Kriegskinder mühsam damit beschäftigt, sich wieder eine Existenz aufzubauen. Dabei galt oft die Parole: Fleißig und sparsam sein und nur nicht auffallen. Die 1950er, 1960er und bisweilen auch noch die frühen 1970er Jahre waren dominiert vom Wiederaufbaugedanken: Häuser mussten gebaut, Wohnungen gekauft, Autos bezahlt, Familien gegründet und Kühlschränke gefüllt werden – alles Bollwerke gegen die bedrohlichen Verlust- und Mangelerfahrungen aus der Kindheit. Die persönliche Entwicklung oder überhaupt eine Exploration der eigenen Möglichkeiten und Interessen kam dabei häufig zu kurz. Auch die fehlenden Bildungschancen in den Nachkriegsjahren mögen dabei eine Rolle gespielt haben. Vor allem den älteren Kriegskindern saß die Angst vor weiteren Entbehrungen noch viel zu sehr im Nacken, als dass sie es hätten wagen können, sich zu fragen, welche Möglichkeiten das Leben noch für sie bereithielte. Die Stillung von Primärbedürfnissen und anschließende Sicherung eines bürgerlichen Lebensstils stand im Vordergrund.

Auch auf die Kinder der Kriegskinder wirkten die elterlichen Erfahrungen weiter, wie ich anhand der folgenden Geschichten zeigen möchte. Besonders das ausgeprägte Sicherheitsdenken der Eltern führte bei ihnen nicht selten zu innerpsychischen Konflikten. Meine Gesprächspartner berichten, dass sie den Lebensstil der Eltern als bedrückend und einengend erlebt und die Eltern trotz finanzieller Absicherung als stets unzufrieden empfunden hätten. Das allein auf Sicherheit ausgerichtete Leben machte viele Mütter und Väter offensichtlich weder angstfreier noch glücklicher – möglicherweise gab es im Leben der Eltern doch viele Anteile, die sich nicht Bahn brechen durften, abgewehrte Depressionen, die nicht sichtbar waren. Die Kinder spürten die Trauer- und Verlusterfahrungen hinter der bürgerlich-fleißigen Fassade der Eltern sehr genau und versuchten, sie auf unterschiedliche Art und Weise unbewusst aufzufangen. Vor allem aber erzählen meine Gesprächspartner, dass die Eltern ihnen nur wenig Orientierungshilfe in Bezug auf die eigene persönliche und berufliche Entwicklung hatten bieten können: Aufgrund der Kriegs- und Nachkriegsjahre war das Leben der Eltern so sehr von Angst und Mangelerfahrungen dominiert, dass sie ihren Kindern – so gut sie es auch mit ihnen meinten – kaum Anleitung zur persönlichen Entfaltung geben konnten. In den folgenden Geschichten geht es um die Auswirkungen, die diese Atmosphäre auf die Lebensgestaltung meiner Gesprächspartner hatte.

„Ich dachte immer, das steht mir eigentlich nicht zu."

In Sicherheit zu leben und frei zu sein von der Angst vor Mangel – so könnte wohl das beherrschende Grundmotiv in Andreas Familie lauten. Nie wieder wollten seine Eltern die Not und Ohnmacht erleben, die sie als Kinder während der Flucht und anschließenden Internierung in Flüchtlingslagern hatten verspüren müssen.

Sie richteten sich deshalb von jungen Jahren an in einem Leben ein, das vor allem Sicherheit bieten sollte. Für Entwicklung blieb dabei allerdings nur wenig Platz: Schließlich hätte der Drang nach Selbstverwirklichung das Risiko mit sich gebracht, erneut materielle Entbehrungen zu erleben. Von der Außenwelt durfte deshalb nur möglichst wenig nach innen dringen, die fragile Balance der Eltern sollte nicht erschüttert werden. „Alles war sehr eng, aber in dieser Enge hatten sie sich eingerichtet", erzählt ihr Sohn Andreas, 1959 geboren. Die zwar liebevolle, aber von großer Angst und Verunsicherung geprägte Familienatmosphäre wirkte sich auch auf ihn aus. Weder Mutter noch Vater konnten ihm aufgrund der eigenen Kriegskindheiterfahrungen genügend Selbstvertrauen und Orientierung mit auf den Weg geben. Auch die Werte von Bildung oder beruflicher Entwicklung konnten die Eltern dem heute freiberuflichen Grafiker nicht vermitteln. „Ich habe von meinen Eltern vor allem Angst, Barrieren und ein großes Minderwertigkeitsgefühl mitbekommen", erzählt Andreas. „Sie haben mir nie gesagt: ‚Das Leben ist so und so.' Sie haben mir immer vermittelt: ‚Wir wissen es selber nicht, du musst es herausfinden.'"

Andreas Vater wurde 1934 in Königsberg, Kaliningrad, geboren. Bis auf die letzten Kriegsjahre verlebte er dort wohl eine weitgehend positive Kindheit. Noch heute sei der Vater geradezu besessen von seinen Kindheitserinnerungen an Königsberg, berichtet Andreas. Kurz vor Kriegsende – der Vater war damals elf Jahre alt – floh die Familie vor der sowjetischen Armee gen Westen. Von der Flucht an sich weiß Andreas nichts, darüber wollte der Vater nie sprechen. Sicher ist jedoch, dass die Familie in den letzten Kriegsmonaten im besetzten Dänemark landete, möglicherweise war sie mit einem der letzten Schiffe über die Ostsee dorthin gelangt. Zu diesem Zeitpunkt befanden sich bereits ungefähr 250.000 heimatlose deutsche Flüchtlinge in Dänemark, ein Drittel davon Kinder unter 15 Jahren. Für das kleine Land war es eine unsägliche Kraftanstrengung, all diesen Flüchtlingen Unterschlupf zu gewähren und Nahrung zukommen zu lassen. Nach dem Selbstmord Hitlers am 30. April 1945 und der Befreiung Dänemarks fünf Tage später bemühte sich die dänische Regierung, die deutschen Flüchtlinge im Tausch gegen in Deutschland inhaftierte Dänen freizulassen. Doch die kurzlebige nationalsozialistische Regierung unter Hitlers Nachfolger Großadmiral Dönitz weigerte sich, auf das Angebot einzugehen. Die deutschen Flüchtlinge verblieben in Dänemark und die dänische Regierung zog Konsequenzen: Umgehend wurden die Flüchtlinge in mit Stacheldraht umzäunten Lagern inhaftiert, die sie nicht mehr verlassen durften. Sie lebten von staatlich zugeteilten Essensrationen. Obwohl die Deutschen in einigen Lagern angemessen versorgt wurden, starben 1945 insgesamt 11.000 deutsche Flüchtlinge in dänischen Lagern an Unterernährung und Krankheiten, darunter 8.000 Kinder. Oft dauerte es drei oder vier Jahre, bis die Flüchtlinge wieder freikamen.

Auch die Familie von Andreas Vater war drei Jahre lang in einem dänischen Lager inhaftiert. Der Vater erzählt bis heute von dieser Zeit – von Hunger, Krankheiten, mangelhaften hygienischen Verhältnissen, Perspektivlosigkeit. „Die Zeit im Lager hat mein Vater nie wirklich verarbeitet", berichtet Andreas. „Wie auf einem Tablett trägt er dieses Trauma noch heute vor sich her. Er war erst elf, als er ins Lager kam, mit 14 kam er da raus. Das ist ja eine unheimlich wichtige Zeit für einen Jugendlichen. Doch für ihn ging es die ganzen Jahre nur darum, am Leben zu bleiben." Entwicklung, Schulbildung, die schwierige Identitätsfindung der Pubertät – all das konnte kaum stattfinden.

Nachdem die Familie 1948 freigelassen wurde, ließ sie sich in Detmold nieder. Doch das Trauma von Not, Hunger und Ohnmacht saß tief: Auch hier ging es weiterhin ums Überleben, schließlich musste die Familie erst einmal ihre Grundbedürfnisse stillen, sich versorgen, Arbeit finden, eine Existenz aufbauen. Es war kaum Zeit, sich Gedanken darüber zu machen, was man mit seinem jungen Leben anfangen wolle. Versäumte Entwicklung konnte nicht nachgeholt, die traumatischen Lagererfahrungen kaum bearbeitet werden.

Mit 16 begann der Vater eine Lehre als Einzelhandelskaufmann, brach diese aber ein Jahr später ab, um im Bergbau zu arbeiten, denn dort war mehr Geld zu verdienen. Von den 200 Mark, die er monatlich erhielt, schickte er 100 an Mutter und Vater. Nach ein paar Jahren in der Zeche erhielt der Vater einen etwas besser bezahlten Job als Wachmann in Frankfurt und landete schließlich in der Pfalz, wo er trotz abgebrochener Ausbildung eine kaufmännische Stelle bei einer Sparkasse angeboten bekam. Dort lernte er auch Andreas Mutter kennen, eine junge Frau aus Potsdam, deren Familie 1945 auf der Flucht von den Russen ebenfalls in einem Lager auf der Insel Fehmarn interniert worden war und später über Umwege in die Pfalz kam. Die beiden Flüchtlingskinder heirateten.

Andreas Eltern arbeiteten hart, um sich ihren kleinen Traum vom Leben in gesicherten Verhältnissen zu erfüllen. Neben seinem Sparkassenjob fuhr der Vater Taxi, die Mutter ging in einem Kaufhaus arbeiten. Bald konnten sie sich eine kleine Eigentumswohnung leisten, die aber schnell zu eng wurde: Als 1959 erst Andreas und wenige Jahre später seine Schwester geboren wurde, wünschten sich die Eltern ein Eigenheim mit Garten und kauften gleich das erste Haus, das sie besichtigten. Doch der stabile äußere Rahmen mit Job, Haus und Familie trug nicht dazu bei, den Eltern ein Gefühl von Sicherheit zu vermitteln.

Die Existenzangst, die in den frühen Jahren gelegt wurde, blieb stets ein Begleiter. Als die Kinder aus den Windeln waren, habe der Vater die Mutter gedrängt, wieder arbeiten zu gehen, um auch zum Lebensunterhalt beizutragen – erst halbtags, dann ganztags, erzählt Andreas. Seine Mutter war unglücklich darüber. „Zu Hause empfand ich die Atmosphäre immer als extrem angespannt", berichtet er. „Vor allem meine Mutter war unglaublich schlecht gelaunt, wenn sie von der Arbeit kam. Sie setzte sich dann vor den Fernseher und trank Cognac. Mein Vater verzog sich für ein paar Stunden. Und dann gingen sie ins Bett und standen am nächsten Morgen wieder auf." Ein Gefühl von Leere und Erschöpfung herrschte vor. Um die Mutter zu entlasten, mussten Andreas und seine Schwester Verantwortung im Haushalt übernehmen: Wäsche waschen, putzen, einkaufen. „Da schwang auch immer ein starkes Schuldgefühl mit", erklärt Andreas. „Ich hatte den Eindruck, für meine Eltern verantwortlich zu sein, dafür sorgen zu müssen, dass meine Mutter gute Laune hat."

Andreas führt die bedrückende Grundstimmung zu Hause auf die großen Verlust- und Mangelerfahrungen der Eltern in der Kriegs- und Nachkriegszeit zurück. Und auf die Tatsache, dass keiner von beiden je frei war, zu schauen, was sie aus ihrem Leben hätten machen wollen. Der Alltag der Eltern war mehr der Angstabwehr als der Frage nach persönlicher Erfüllung gewidmet. Urlaube, Museumsbesuche, Konzertbesuche, das gab es alles nicht. „Sie strahlten eine immense Existenz- und Verarmungsangst aus", erzählt Andreas. „Aber reflektieren konnten sie das nie. Man kann sich mit ihnen noch heute nicht auseinandersetzen."

Aufgrund der eigenen Lebenserfahrung konnten Andreas' Eltern ihrem heranwachsenden Sohn kaum Orientierungshilfe bieten. Doch gerade als Jugendlicher und junger Erwachsener hätte er sich mehr Anleitung oder zumindest eine gemeinsame Auseinandersetzung über seine Zukunftspläne gewünscht.

Doch von Vater und Mutter kam nichts: Als Andreas sein Abitur bestanden hatte, waren die Eltern erleichtert, endlich aus der Verantwortung entlassen worden zu sein. „Sie haben vielleicht einmal zu mir gesagt: ‚Mach doch 'ne Ausbildung'. Aber dann war es auch gut", berichtet Andreas. „Vermutlich hatten sie selbst so früh Verantwortung übernehmen müssen, dass sie keine Lust mehr hatten, auch noch über die Schule hinaus für ihre Kinder zu sorgen. Das scheint mir bei dieser Generation oft so gewesen zu sein, zumindest bei Leuten mit einem ähnlichen Hintergrund wie meine Eltern. Sie hatten ja ganz andere Erfahrungen gemacht und auch ohne Ausbildung ein solides Leben führen können." Die Eltern hatten weder die Möglichkeiten noch sahen sie die Notwendigkeit, ihren Sohn in seiner beruflichen Orientierung zu unterstützen. Schließlich hatten sie sich ja selbst auch irgendwie durchgeschlagen.

Nach dem Abitur zog Andreas nach Worms, um in einem Krankenhaus seinen Zivildienst anzutreten. In der Klinik fielen ihm die vielen Bilder an den Wänden auf: Picasso, Chagall, Franz Marc. Der Wunsch, auch künstlerisch tätig zu werden, reifte in ihm heran. „Ich spürte, dass es da noch etwas anderes im Leben gab", erklärt er. „Die Kreativität war für mich ein Ausweg aus der familiären Enge." Andreas begann zu malen, fing absolut bei null an. Das Einzige, was er über Kunst wusste, hatte er in der Schule aufgeschnappt – in der kleinen Welt seiner Eltern gab es kein Interesse dafür.

Andreas blieb in Worms, bis er 26 war. Er jobbte und bemühte sich, an einer Kunsthochschule angenommen zu werden. Kontakt zu Leuten, die ihm dabei hätten weiterhelfen können – Professoren, Studenten, andere Künstler – mied er. Ihn hemmten Minderwertigkeitskomplexe und das Gefühl, nicht wirklich in die Kunstwelt zu gehören. Selbst Chancen vermochte er nicht wahrzunehmen. Als ein renommierter Künstler ihm etwa vorschlug, in sein Atelier in Krefeld einzuziehen, konnte Andreas nicht darauf eingehen. „Das wäre eine Chance gewesen, aber ich habe mich nicht wieder bei ihm gemeldet", erinnert sich Andreas. „Ich habe mich nicht getraut. Und nach zwei Wochen war die Barriere schon wieder so hoch, dass ich glaubte, der hat das nie ernst gemeint."

Die liebevolle, aber auch angstbesetzte Grundstimmung des Elternhauses hemmte Andreas berufliche Entwicklung. Seine Schwierigkeiten, sich bietende Möglichkeiten wahrzunehmen, waren unterschwellig womöglich auch von Schuldgefühlen diktiert: Von dem unbewussten Wunsch, nicht erfolgreicher als die Eltern sein zu wollen, deren fragiles Selbstwertgefühl von den Flucht- und Lagererfahrungen und den Nachkriegsjahren stark beeinträchtigt war. Wie sehr der Vater unter den eigenen Minderwertigkeitsgefühlen litt, hat Andreas oft erleben können. „Ich weiß noch, wie er irgendwann kurz vor Weihnachten in der Küche saß und lamentierte: ‚Ich bin nicht gut genug für dich, ich bin nicht gut genug für dich'", erzählt Andreas. „Und ich stand da und habe geheult. Ich wollte gar nicht hören, dass ich etwas Besseres als mein Vater sei. Man liebt seinen Vater ja."

Aufgrund der eigenen Mangelerfahrungen und der daraus resultierenden Unterlegenheitsgefühle war das Thema Bildung in Andreas Familie negativ besetzt. Insofern stellt sich tatsächlich die Frage, inwiefern er es sich leisten konnte, eine kunstakademische Ausbildung aufzunehmen: Für Andreas Vater gab es „nichts Schlimmeres als einen jungen Schnösel ohne Lebenserfahrung, der Abitur hat und studiert". Vermutlich war es einfacher für Andreas, sich mit dem Minderwertigkeitsgefühl seines Vaters zu identifizieren, als das Risiko einzugehen, dessen fragile Balance durch eigene Erfolge zu erschüttern. „Den Minderwertigkeitskomplex meines Vaters, den habe ich eins zu eins übernommen", gibt er zu. „Dieses ‚Ich bin nicht gut genug'-Thema. Bei meinem Vater war eben immer alles improvisiert, ohne Struktur. Er hat in keiner Weise Sicherheit ausgestrahlt – nur diese massive Existenzangst."

Mit Ende 20 zog Andreas nach Berlin, wieder mit dem Ziel, dort eine Kunsthochschule zu besuchen. Auch hier gelang der Weg an die Hochschule nicht, obwohl er einen renommierten Kunstpreis gewann und über gute Kontakte verfügte. Andreas vermutet, dass er seinem Wunsch, Kunst zu studieren, einfach nicht genug Nachdruck verleihen konnte: „Ich konnte das nicht vermitteln, die Barriere war viel zu hoch." Neben seiner künstlerischen Arbeit begann er zu renovieren, um Geld zu verdienen.

Mit Ende 30 hängte Andreas schließlich die Kunst an den Nagel und richtete sich neu aus als Grafiker. Mittlerweile ist er ganz gut im Geschäft, hat aber nach wie vor das Gefühl, sich im Weg zu stehen. „Für mich ist es heute noch schwer, mich als Grafiker einer Redaktion vorzustellen", erzählt er. „Ich habe immer das Gefühl: Da gehöre ich eigentlich gar nicht hin. Und wenn mal eine Rechnung offen ist, habe ich Probleme, das Geld einzutreiben. Etwas zu fordern habe ich von meinen Eltern nicht gelernt. Sie vertreten heute noch diese Flüchtlingsmentalität des Sich-Hinten-Anstellens." Im Nachhinein, so sagt Andreas, sei er einen ähnlichen Weg wie sein Vater gegangen, „unverbindlich und irgendwie ziellos".

Und doch hat Andreas es trotz aller Ängste und Hemmungen geschafft, ein zufriedenes Leben zu führen. Er ist glücklich verheiratet und engagierter Vater, obwohl er lange keinen Kinderwunsch verspürte – aus Angst, nicht über ausreichend berufliches „Standing" zu verfügen, um ein Kind in die Welt zu setzen. „Und dann dachte ich irgendwann: Wenn wir ein Kind haben wollen, dann muss ich es eben so hinnehmen, wie es ist", erklärt er.

Umso wichtiger ist es ihm, seinem zweijährigen Sohn Paul andere Werte zu vermitteln, als seine Eltern dies bei ihm getan haben. „Ich möchte, dass er das Selbstbewusstsein entwickelt, seine Ziele zu verfolgen", betont Andreas, „meine Angst soll er nicht bekommen." Er will darauf achten, dass Paul später eine Ausbildung macht. Denn noch heute bedauert Andreas, selbst keine absolviert zu haben. „Die Wichtigkeit konnte mein Vater mir nie vermitteln", erinnert er sich. „Mein Vater ist ein lieber und netter Kerl, aber er hat mir kaum zeigen können, was im Leben wichtig ist. Dazu war er viel zu sehr geprägt von den Mangelerfahrungen seiner Kindheit und dieser Mentalität des ‚irgendwie Durchkommens'." Andreas will seine Vaterrolle anders ausfüllen, will einerseits klare Grenzen setzen und seinem Sohn andererseits mehr Selbstvertrauen mit auf den Weg geben. Er möchte die Orientierung vermitteln, die er selbst nie hatte erfahren können.

Auch mit seiner beruflichen Situation hat Andreas sich arrangiert. Seinen relativ freien, aber oft auch finanziell unsicheren Lebensstil betrachtet er inzwischen als Reaktion auf den eng gestrickten Lebensrahmen und die Verarmungsängste seiner Eltern. „Ich fand es unfrei, jeden Tag zur Arbeit zu gehen und immer zu sparen und am Haus zu arbeiten", erklärt er. „Aber natürlich bin auch ich in meinem Leben nicht richtig frei: Das Geld kommt, das Geld geht, ich beeinflusse es kaum. Das ist schon Stress."

Mittlerweile überlegt Andreas, die Kunst wieder aufzunehmen. Seine Motivation ist heute jedoch nicht mehr, der Enge seiner Herkunftsfamilie zu entgehen, sondern einfach, Kunst um der Kunst willen zu machen. Die kreative Arbeit erlebt er als Bereicherung. „Letztendlich habe ich doch immer gemacht, was mir wichtig war", analysiert Andreas. „Obwohl ich sicher kürzere Wege hätte gehen können. Dieses Nicht-Trauen stand mir immer im Weg. Mein Leben ist wohl eine Mischung aus Barrieren und den Versuchen, mir Freiraum zu schaffen."

„Ich habe immer den Rebellenstatus gepflegt."

Lena ist 1968 geboren und lebt als Künstlerin in Berlin. Die knapp 40-Jährige legt großen Wert auf Autonomie, sowohl beruflich als auch privat. Für die Recherche zu ihren künstlerischen Projektarbeiten ist sie oft monatelang auf Reisen, auch in Ländern, deren politische Situation durchaus instabil ist. Nicht immer weiß sie, inwieweit ein Projekt sich lohnen wird: Manchmal muss Lena ihre Reisekosten selbst vorschießen, in dem Vertrauen darauf, dass es ihr später schon irgendwie gelingen wird, ihre Kosten zu decken. Meist funktioniert dies auch – doch wie bei allen Freiberuflern ist ihr Einkommen häufigen Schwankungen ausgesetzt. Auch im Privatleben pocht Lena auf Unabhängigkeit. Sie hat zwar einen festen Partner, wohnt aber seit vielen Jahren allein. Ihre freie Lebensführung ist, so glaubt Lena, eine Reaktion auf die Geschichte ihrer Eltern.

Vater und Mutter sind Flüchtlingskinder, 1931 in Ostpreußen und 1933 in Schlesien geboren. „Die Ehe meiner Eltern ist eine einigermaßen funktionierende, aber fatale Kombination, weil das Leid so geballt ist", erklärt Lena. „Noch heute haben meine Eltern Existenzängste ohne Ende. Ich bin mit einem enormen Sicherheitsdenken großgeworden." Lena lebt genau das Gegenteil: Im Gegensatz zu ihren beiden älteren Geschwistern pflegt sie bis heute den „Rebellenstatus", wie sie es nennt. „Ich bin immer nur abgehauen, habe mich mit Händen und Füßen dagegen gewehrt, in irgendeiner Form das Sicherheitsdenken meiner Eltern zu übernehmen", reflektiert sie. „Und das macht mir heute manchmal Probleme. So frei zu leben, wie ich es tue, ist manchmal auch ein Kampf. Da ist eine ständige Zerrissenheit."

Über die Geschichte des Vaters weiß Lena nur wenig. 1931 in einem Dorf südlich von Königsberg (Kaliningrad) geboren, floh der Vater in den letzten Kriegsmonaten mit seiner Familie übers

Frische Haff gen Westen. Wie Tausende andere Flüchtlinge aus Ostpreußen auch nahm die Familie den gefährlichen Weg über die knapp zehn Kilometer breite und zugefrorene Ostsee in Kauf, um zur Frischen Nehrung zu gelangen, einer Landzunge, von der aus der rettende Danziger Hafen zu erreichen war. Viele Flüchtlinge überlebten diesen Treck nicht – sie brachen im Eis ein, erfroren oder starben durch sowjetische Luftangriffe. Welche Erfahrungen ihr Vater auf der Flucht gemacht hat, kann Lena allerdings nicht sagen. „Darüber hat er nie gesprochen", erzählt Lena. „Die Familie meines Vaters ist ohnehin sehr schweigsam, die reden nicht viel über Dinge, über Emotionen schon gar nicht."

Von der Mutter weiß Lena mehr. Sie erzählte den Kindern oft von ihren Kriegserlebnissen. Zum Beispiel von dem Tag, als sie, 12-jährig, in ihrem schlesischen Heimatdorf dem fürchterlichen Tod der älteren Schwester beiwohnte. Die Familie hatte sich während eines Bombenangriffs auf dem Dachboden des Hauses versteckt, doch die 14-jährige Schwester saß zu nah am Fenster und wurde von einem Bombensplitter in den Kopf getroffen. Sie verblutete sofort, im Beisein ihrer Eltern und Geschwister. Kurz nach diesem schrecklichen Verlust entschloss sich die Familie zur Flucht. „Meine Mutter hat mir oft erzählt, wie meine Großmutter ihr sagte, sie solle sich mehrere Schichten Klamotten anziehen und eine Tasche packen. Ihre Puppe durfte sie auch mitnehmen, die gibt es heute noch", erinnert Lena. „Von der Flucht selbst hat sie aber nichts erzählt. Die Berichte setzen erst wieder ein, als die Familie bei einer Bauernfamilie zwischen Osnabrück und Münster einquartiert wurde – bei Leuten, die keine Lust auf Flüchtlinge hatten und der Familie meiner Mutter das Leben wohl sehr schwer machten."

Der traumatische Tod der Schwester, die Flucht, Entwurzelung und Ausgrenzung als Flüchtlingsfamilie – diese vielen belastenden Erlebnisse waren für die Mutter kaum zu bewältigen. Es gab wohl auch nicht den Raum dafür, denn die Anstrengung, sich im Münsterland eine neue Existenz aufzubauen, bedeutete, dass das junge Mädchen innerhalb der Familie sofort eine Menge Verantwortung übernehmen musste. „Als Jugendliche regelte meine Mutter zum Beispiel den Hauskauf ihrer Familie, weil die Großeltern beide arbeiten gehen mussten", berichtet Lena. „Sie erzählt noch heute, dass sie sich davon massiv überfordert fühlte." Es blieb kaum Zeit, um versäumte Entwicklung nachzuholen, geschweige denn die schrecklichen Erlebnisse der vergangenen Jahre zu reflektieren.

Die unbearbeiteten Erfahrungen hinterließen deutliche Spuren. Obwohl sie durchaus auch liebevoll war, konnte die Mutter nur schlecht mit Emotionen umgehen, erzählt Lena. Vor allem schmerzliche Gefühle wehrte die Mutter ab, indem sie sie stets rationalisierte: „Sie ist nie auf ein Gefühl von uns eingegangen, sondern hat alles immer nur mit Vernunft pariert." Wie so viele andere Flüchtlingskinder auch suchte Lenas Mutter den traumatischen Dreiklang von erlebter Ohnmacht, Heimatverlust und anschließender Ausgrenzung später durch ein Leben zu bannen, das vor allem Sicherheit und Stabilität bot. Nachdem die Eltern geheiratet hatten, sparten sie, bis sie sich erst eine kleine und dann eine größere Eigentumswohnung in Münster leisten konnten. Über Jahrzehnte wurde ein penibles Haushaltsbuch geführt, damit man sah, wo das Geld blieb. „Dieses ‚Werte schaffen', dieses ‚klein, klein, klein', das ist sicher eine Folge der Kriegserlebnisse meiner Eltern", glaubt Lena. „Meine Geschwister und ich haben diese Ängste irgendwie vermittelt bekommen und verinnerlicht. Und die stehen größeren Plänen oft im Weg, verhindern vielleicht sogar, dass sie überhaupt aufkommen. Vor allem meine Mutter versuchte stets, uns vor zu vielen Herausforderungen zu bewahren, damit wir nicht die Überforderung fühlen mussten, die sie selbst früher verspürt hatte. Obwohl wir ja in einem ganz anderen Umfeld aufwuchsen und unsere Herausforderungen eigentlich gebraucht hätten."

Lenas ältere Geschwister verinnerlichten den auf Sicherheit und Solidität beruhenden familiären Lebensentwurf. Beide leben heute in der Nähe der Eltern, haben sichere Jobs, führen stabile Beziehungen – und sind damit auch nicht unglücklich. Vor allem zur Schwester hat Lena eine sehr gute Beziehung. „Dass beide so solide sind, kommt aber ganz klar von den Sicherheitsbedürfnissen meiner Eltern", reflektiert Lena. „Meine Schwester hätte streckenweise schon gern ein anderes Leben geführt. Sie sagt mir immer, dass sie die Sachen, die ich mache, toll findet, sich selbst aber niemals trauen würde, so zu leben. Aber letztendlich ist das ja auch egal, schließlich schaue ich ja nicht auf meine Geschwister und denke, die sind spießig." Auch Lena beneidet ihre Schwester manchmal um deren Lebensentwurf. Sie wohnt mit ihrem Partner auf einem alten Hof in der Nähe von Münster und führt ein „ruhiges, sicheres und gesetteltes Leben", nach dem Lena sich manchmal sehnt.

Doch Lena ist einen anderen Weg gegangen. „Ich habe viel revolutionärer agiert und mich komplett ausgeklinkt", erklärt sie. Nach dem Abitur reiste sie ein halbes Jahr allein mit dem Rucksack durch Asien. Anschließend zog sie für ein paar Jahre nach Chicago und studierte dort Kunst. Für die Eltern erschreckende Vorstellungen. „Meine Mutter fragte mich dauernd: ‚Wie willst du denn das schaffen?'", erzählt Lena. „Sie hatte ständig Angst, dass ich mich überfordere. Aber ich musste das machen, obwohl ich selbst dabei oft Angst empfand und Heimweh hatte. Das war alles Protest." Lena lebte den Gegenentwurf zum elterlichen Leben und tat das, was sonst in ihrer Familie niemand wollte: Sie pfiff auf Sicherheit und Sesshaftigkeit und zog hinaus in die Welt.

Doch man kann Lenas Ausbruch aus dem familiären System nicht nur als Reaktion auf die elterlichen Erfahrungen deuten, sondern auch als einen weiteren Versuch, das Trauma von Verlust, Flucht und Ohnmacht zu überwinden. Im Gegensatz zu ihren Geschwistern bemühte sie sich nicht, die eigenen Ängste und die ihrer Eltern durch eine solide Lebensführung in Schach zu halten – vielmehr versuchte sie wohl, stellvertretend für Mutter und Vater die Erfahrung der Selbstwirksamkeit und Autonomie zu reklamieren und so die Anteile der Eltern auszuleben, die diese sich nicht auszuleben wagten. Es scheint fast, als wollte sie den Eltern durch ihre Reisen, Auslandsaufenthalte und unerschrockene Lebensgestaltung die Botschaft vermitteln: Ich habe eure schlimmen Erfahrungen wieder gutgemacht und euer Trauma überwunden.

Möglicherweise verletzte es Lena deshalb so, als die Mutter sich von ihren Errungenschaften und Unternehmungen nur wenig beeindruckt zeigte. „Manchmal hatte ich das Gefühl: Was muss ich denn noch machen, damit von ihr nicht immer nur Zweifel kommen, sondern auch mal eine Anerkennung nach dem Motto: Toll, wie du das schaffst!", erinnert sich Lena. „Ich weiß schon, dass die Anerkennung irgendwie da war, aber sie konnte sie nicht formulieren."

Nach ihren Auslandsjahren hielt Lena sich nicht lange in Münster auf, sondern zog weiter nach Berlin, um sich dort als freie Künstlerin niederzulassen. Seit über zehn Jahren lebt sie nun in der Hauptstadt, arbeitet, reist, pflegt viele soziale Kontakte. Lena ist zufrieden, steht ihrem Lebensstil inzwischen aber etwas skeptischer gegenüber. Die selbst erkämpfte Freiheit kommt ihr manchmal gar nicht so frei vor. Immer häufiger fällt ihr auf, wie sehr sie in ihrer Lebensführung doch gesteuert ist von einer unbewussten Reaktion auf die Erfahrungen der Eltern. Vor allem in Bezug auf das Thema Geld.

Bis vor kurzem war Lena stets mit ihrem Konto im Minus – zwar nie dramatisch, aber immer bis zum Anschlag des Dispos. Oft musste sie sich von Freunden übergangsweise Geld leihen. Sobald das Darlehen zurückgezahlt und ihr Konto wieder auf Null war, gab sie jedoch alles wieder aus. „Ich hatte keine Idee, was das Leben eigentlich kostet", erklärt Lena. „Erst jetzt beginne ich zu verstehen, wieso ich mit Finanzen so schlecht umgehen kann. In Bezug auf Geld habe ich wirklich eine psychische Verweigerungshaltung. Ich bin ja mit einem Haushaltsbuch aufgewachsen und hatte nie Lust auf diese Verzichtsgeschichte und dieses Pfenniggefuchse. Also habe ich die Haltung meiner Eltern einfach ins Gegenteil verkehrt, und das ist genau mein Dilemma. Natürlich kann man damit leben, dass das Konto ständig im Minus ist, aber unterschwellig weiß man, wie dumm das eigentlich ist. Dann gibt es diese Stimme in mir, die sagt: Haha, eigentlich kriegst du es ja doch nicht hin."

Inzwischen hat sich Lena ihren Dispo sperren lassen, um ihre finanzielle Situation ein für alle Mal in den Griff zu kriegen. Sie versucht nun, nicht mehr in den Extremen der totalen Unabhängigkeit und Sorglosigkeit zu leben. Das ist zwar oft schwierig und mit großer Anstrengung verbunden, aber insgesamt klappt es besser und besser. So lebt das Erbe der elterlichen Kriegserfahrungen zwar in ihr weiter – aber es soll sie nicht mehr dominieren.

*„Flüchtlingskind zu sein heißt für mich,
nicht zu wissen, wo man Platz nehmen darf."*

Katja ist 41 Jahre alt und arbeitet als freie Produktionsleiterin beim Film. Obwohl sie gut im Geschäft ist, erlebt sie in diesem Beruf immer wieder Höhen und Tiefen. Es ist stets schwer vorauszusehen, wie sich die nächsten Monate entwickeln werden: Mal wirkt sie bei Hollywood-Blockbustern mit, mal durchläuft sie nach geplatzten Projekten Phasen der Arbeitslosigkeit. Dass Katja in dieser unsicheren Branche landen würde, war kaum vorauszusehen. Die Eltern vermittelten ihr nämlich ganz andere Werte: Sicherheiten schaffen und die Versorgung zu gewährleisten, stand in Katjas Elternhaus – wie bei so vielen anderen Familien der Nachkriegszeit – an erster Stelle.

Als ältere Flüchtlingskinder hatten sowohl die Mutter als auch der Vater kaum Gelegenheit zu Bildung und Selbstverwirklichung gehabt, waren sie doch in ihren prägenden Jugendjahren und ihrem frühen Erwachsenenalter vor allem damit beschäftigt, durchzukommen. Ihnen blieben viele Türen verschlossen – mit der Konsequenz, dass es auch für Katja keine Selbstverständlichkeit war, Abitur zu machen und eine höhere Bildung in Anspruch zu nehmen. Dahin zu gelangen, war für sie mit großer Unsicherheit und vielen Selbstzweifeln behaftet.

„Was meine Mutter mir sicherlich vererbt hat, ist ein Gefühl des Verlustes", meint Katja. Die Mutter, 1928 geboren, kommt aus Masuren, Ostpreußen, dem damals nordöstlichsten Teil des Deutschen Reiches im heutigen Polen. Bis zu ihrem Tod vor neun Jahren sehnte sie sich nach ihrer Kindheit in Masuren zurück: Das Gefühl von Geborgen- und Aufgehobensein, das sie mit Masuren verband, habe sie später nie wieder in demselben Maß verspürt, erzählt Katja.

Die letzten Kriegsjahre erlebte die Mutter allerdings als belastend. Der Großvater war eingezogen worden und die Großmutter fuhr als Schaffnerin Munitionszüge in den Osten. Da kein Elternteil zu Hause war, wurde Katjas Mutter in einem Internat in Masuren untergebracht, das ab 1944 je nach dem Verlauf der Front weiter und weiter nach Westen verlegt wurde. Unter der Trennung von den Eltern habe die Mutter sehr gelitten, erzählt Katja. Mitte 1945 fand die kleine Familie schließlich wieder zusammen und ließ sich nach diversen Umwegen in Herne in Nordrhein-Westfalen nieder. „Meine Mutter hat mir erzählt, wie sie nach Kriegsende lebten", erinnert sich Katja. „Mit ihren Eltern wohnte sie in einem Haus, das nur drei Wände hatte. Zu essen gab es kaum etwas: Oft rührten sie Anfang der Woche eine Tütensuppe an, die dann bis zum Ende der Woche gestreckt werden musste."

In Herne lernte Katjas Mutter 1951 den Vater kennen. Auch er ist ein Flüchtlingskind aus dem Osten: 1928 bei Lodz in Polen geboren, stammt er aus einer wohlhabenden alten deutschen Siedlerfamilie. Der Großvater war Dorfbürgermeister gewesen und wurde, so erzählt Katja, kurz vor Kriegsende im Gefängnis von Lodz zu Tode gefoltert. Auch Katjas Vater überlebte den Krieg nur mit Glück. Anfang 1945 zog die Wehrmacht den 17-Jährigen in eine „Kanonenfutter"-Kompanie ein, die Berlin verteidigen sollte. Doch einer seiner Vorgesetzten setzte sich für den Jungen ein, und so wurde er aus seiner Einheit abgezogen und als Funker in die Hauptstadt geschickt. Damit entging er der Schlacht um die Seelower Höhen zwischen Wehrmacht und Roter Armee vor den Toren von Berlin, die insgesamt mehr als 100.000 sowjetische und deutsche Soldaten das Leben kostete. Nach diversen Umwegen landete Katjas Vater dann in Herne, wo er als Laufbursche bei der Royal Air Force anfing und sich über die Jahre die Rangleiter hocharbeitete. Die Eltern heirateten 1953. Vier Jahre später wurde Katjas ältere Schwester geboren, 1966 dann Katja.

„Schon als Kind merkte ich, dass wir anders sind", erzählt Katja. Wie in so vielen Flüchtlingsfamilien kamen weder die Eltern, noch die Kinder richtig in der neuen Heimat an. Katja hatte stets das Gefühl, „keine waschechte Hernerin zu sein". Das lag vielleicht zum Teil daran, dass die Vergangenheit mit allen Mitteln lebendig gehalten wurde: Der Vater war viele Jahre lang Landessozialreferent eines Vertriebenenverbandes und kümmerte sich um Lastenausgleichsanträge seiner Landsleute; die Töchter verbrachten ihre Freizeit bei der „Deutschen Jugend des Ostens", einer Organisation für Kinder und Jugendliche aus den ehemaligen Ost- und Siedlungsgebieten, die sich der Pflege der Kultur, Sprache und Gebräuche der Herkunftsgebiete widmete. Zu Hause gab es oft Streit über die Frage, inwieweit man es überhaupt wagen konnte, sich in Herne niederzulassen. Die Mutter wollte ein Haus kaufen – der Vater nicht. „Meine Mutter wollte sich mit etwas identifizieren und fühlte sich in unserer kleinen Wohnung nie heimisch", erzählt Katja. „Aber mein Vater, der alles verloren hatte, sagte immer: ‚Ich will nicht 30 Jahre für etwas zahlen, was mir hinterher wieder weggenommen werden kann.' Nach einem Besuch von Freunden saß meine Mutter dann immer weinend in der Ecke. Dieser Konflikt meiner Eltern hat mich ein Leben lang begleitet."

Katja hatte als Kind stets das Gefühl, zwischen den Eltern vermitteln zu müssen. Sie spürte die Verlust- und Mangelerfahrungen von Mutter und Vater sehr deutlich und glaubte, sie trösten zu müssen. Vor allem die Mutter litt, so glaubt Katja heute, an Depressionen, die aber unerkannt und unbehandelt blieben. „Meine Mutter hat den Zuspruch von uns Kindern immer sehr gebraucht", erinnert sich Katja. „Sie war sehr unberechenbar in ihren Emotionen. Es passierte oft, dass wir aus der Schule kamen und meine Mutter saß in der Ecke und weinte. Sie war nicht in der Lage, uns zu vermitteln, dass das nichts mit uns zu tun hätte. Irgendwie fühlten wir uns immer schuldig." Kinder, manchmal sogar schon Babys depressiver Eltern vollbringen oft enorme

Anpassungsleistungen, um die als instabil erlebten Eltern zu erreichen und sie zu entlasten. Auch Katja versuchte ihre Eltern zu stützen, indem sie sich stets als sonniges und quirliges Kind präsentierte – ein Überlebensmechanismus, schließlich war sie von ihnen abhängig.

Diese Rolle machte es ihr schwer, sich später von den Eltern abzugrenzen. „Ich hatte ganz stark das Gefühl, nicht erwachsen werden zu dürfen, aus Angst vor Liebesverlust", erzählt sie. „Das hat mein Wachstum, mein Frau-Werden lange Zeit sehr behindert." Katja entwickelte Magersucht und Bulimie – für sie Strategien, um das Erwachsenwerden so weit wie möglich hinauszuzögern und ihre Wut gegen sich statt gegen die verletzlichen Eltern zu richten.

Es dauerte lange, bis Katja es schaffte, sich von den Eltern freizuschwimmen und ihr eigenes Leben zu führen. Die Angst, ihre zerbrechlichen Eltern zu enttäuschen, verschloss ihr von vornherein Türen, die sich später nur mühevoll wieder öffnen ließen. Die Eltern vermittelten Katja stets das diffuse Gefühl, sie solle etwas Bodenständiges machen und Geld verdienen. „Bei uns war Solidität angesagt", berichtet Katja. Das Trauma des Heimatverlusts, die Angst vor Not und Armut saß Vater und Mutter vermutlich noch im Nacken. Schon der Weg zum Abitur war für Katja nicht selbstverständlich: Obwohl sie eine Empfehlung fürs Gymnasium bekam, beschlossen die Eltern, ihre Tochter auf die Realschule zu geben. Katja protestierte nicht. „Meine Eltern kamen gar nicht auf die Idee, dass ich aufs Gymnasium gehen könnte. Wozu studieren? Sie hatten ja selbst auch nicht die Gelegenheit gehabt, eine Ausbildung zu machen", erzählt Katja. „Als ich dann später auf Druck der Lehrer doch aufs Gymnasium wechselte, merkte ich, was ich eigentlich vermisst hatte. Ich wurde mit Leuten konfrontiert, die einen ganz anderen Zugang zu Bildung und eine ganz andere Art zu lernen hatten. Das sprach mich alles viel mehr an."

Obwohl die Eltern Katja durchaus liebevoll zugetan waren, konnten sie ihrer Tochter nach dem Abitur nur wenige Möglichkeiten aufzeigen – sie selbst hatten diese Wahl schließlich nie gehabt. Katja entschloss sich zu studieren, wusste aber überhaupt nicht, was. In Hamburg nahm sie schließlich ein Studium der Sinologie und Politologie auf. Und brach es wieder ab. Anschließend meldete sie sich auf einer Schauspielschule an, um Fernseh- und Theaterwissenschaften zu studieren. Und war sich noch immer unsicher, ob diese Entscheidung die richtige wäre. „Ich war sehr auf der Suche", erklärt sie. „Wirklich frei in meinen Entscheidungen fühlte ich mich nicht." Umso erstaunter war Katja, dass ihre Eltern sie trotz der eigenen Geschichte bei ihrer Suche nicht kritisierten und ihr stets Geduld entgegenbrachten.

Ein Gespräch mit einem Arzt half Katja damals weiter. „Er erzählte mir, dass bei ihm zu Hause überhaupt nicht die Frage aufgekommen wäre, ob er studieren solle. Die Frage war vielmehr, was er studieren solle: Wenn er es sich leicht machen wolle, Medizin, und wenn er es sich schwer machen wolle, Jura. Der Zugang zur Bildung war bei ihm ein ganz anderer als der, den ich von Haus aus hatte", erklärt sie. Diese Voraussetzungen brachte Katja nicht mit – als Flüchtlingskind ohne akademischen Hintergrund wusste sie nicht, ob sie es sich überhaupt herausnehmen durfte, eine Universität zu besuchen. „Ich bin nicht mit dieser Selbstverständlichkeit, mir etwas nehmen zu dürfen, groß geworden. Die musste ich mir erst erarbeiten", reflektiert Katja heute. „Ein Kind von Flüchtlingen zu sein heißt eben auch, bestimmte Dinge nicht selbstverständlich zur Verfügung zu haben – nicht zu wissen, wo man Platz nehmen darf. Damit waren auch meine Eltern stets konfrontiert: Wenn man es genau betrachtet, hatten sie keine Freunde, die alteingesessene Herner waren."

Heute ist Katja beruflich etabliert und hat ihr mangelndes Selbstvertrauen längst überwinden können. Die Folgen der elterlichen Vertreibungserfahrungen spürt sie jedoch noch immer: Auch in

Hamburg, wo sie seit gut 20 Jahren lebt, fühlt sie sich noch nicht richtig angekommen, obwohl sie dort viele soziale Kontakte hat. Katja bindet sich nur ungern, weder an Orte noch an materielle Dinge wie Möbel. Sie möchte stets in der Lage sein, weiterziehen zu können. Lange Zeit war es für Katja auch nicht möglich, eine feste Beziehung zu führen – heute wünscht sie sich das. „Für mich heißt ankommen vermutlich: Bei jemandem ankommen", reflektiert sie. „Ich habe mich immer schwer auf Beziehungen einlassen können, gerade mit der Bulimie war ich viele Jahre ziemlich verkorkst. Ich suchte mir immer Partner, bei denen es irgendein ‚Aber' gab. Jetzt erst merke ich eine Bereitschaft, eine ernsthafte Partnerschaft zu führen. Aber mit 41 Jahren ist das ja auch nicht übertrieben früh."

Die Identifizierung mit den Ängsten und dem Leid der Eltern mag Katja in vielerlei Hinsicht gebremst haben. Sicherlich erschwerten sie ihr den Zugang zur Bildung: Die vielen Entfaltungsmöglichkeiten, die Katja zur Verfügung standen, gab es für die Eltern in den entbehrungsreichen Kriegs- und Nachkriegsjahren nicht. Doch letztendlich konnte Katja sie trotzdem wahrnehmen und sich größtenteils aus den Verstrickungen in ihre familiäre Geschichte befreien – auch wenn sie noch heute manchmal darunter leidet, „viel zu Über-Ich-gesteuert" zu sein.

4. Kein Platz für Gefühle
Lernen, Ängste und Wünsche wahrzunehmen und darüber zu sprechen

„Meine Eltern und ich, wir kennen uns eigentlich kaum" – das ist ein Satz, den ich im Zuge der Recherche zu diesem Buch immer wieder hörte. Ein Gefühl der Fremdheit scheint die Beziehung vieler 1955 bis 1975 Geborenen zu ihren Eltern, den Kriegskindern, zu charakterisieren.

Möglicherweise ist ein Grund dafür in der häufig beschriebenen Sprachlosigkeit zwischen Kindern und Eltern zu finden: Viele Gesprächspartner berichteten mir, dass es in ihren Familien nur wenig Raum für einen lebendigen Austausch – vor allem in Bezug auf emotionale Themen – gegeben habe. Die Kommunikation sei überwiegend von Alltagsthemen bestimmt gewesen, das Interesse am Innenleben der Kinder habe sich in Grenzen gehalten. Viele Kinder empfanden die Eltern schlichtweg als unerreichbar: Die Väter seien emotional abwesend gewesen, die Mütter mit der Organisation von Haushalt und Familie so beschäftigt, dass kein Raum für intensive Gespräche blieb. Auch Zuneigung sei eher verhalten vermittelt worden, weniger durch Worte und Zärtlichkeiten als durch kleine Geschenke oder die Zubereitung von Lieblingsmahlzeiten. Persönliche Probleme, Entwicklungskonflikte, psychische Krisen – das hätten die Kinder häufig mit sich selbst ausmachen müssen. Oder eben auch nicht.

„Im unbewussten Vergleich mit ihrer damaligen Situation erwarteten die Eltern offenbar, dass die Kinder – wiederum in familiärer Delegation – mit ihren Nöten selbst zurecht kämen und sie selbst möglichst wenig damit behelligt wurden", schreibt der Psychiater, Psychoanalytiker und Altersforscher Hartmut Radebold in seinem Buch *Transgenerationale Weitergabe kriegsbelasteter*

Kindheiten. Die Kinder sollten funktionieren und möglichst leistungsfähig sein, um die Abwehr der Eltern nicht zu erschüttern. Dabei spielten, so Radebold, bisweilen auch die tief verinnerlichten Erziehungsideale des Nationalsozialismus eine Rolle, die Ängste, Schmerzen und Zärtlichkeiten als „Schwäche" abwerteten.

Die emotionalen Defizite vieler Kriegskinder prägen auch die dritte Generation, die Kinder der Kriegskinder. Das ist kein Wunder: Schließlich lernen wir von unseren Bezugspersonen, die eigenen Emotionen zu spüren und zu deuten. „Es ist eine Fertigkeit, Gefühle wahrnehmen zu können", erklärt der Psychiater Dr. Harald Gündel von der Klinik für Psychosomatik und Psychotherapie der Medizinischen Hochschule Hannover: „Um unseren Gefühlen oder Bedürfnissen einen Namen zu geben, bedarf es aufmerksamer Bezugspersonen, die uns als Babys oder Kindern erklären, was wir gerade spüren. Wenn aber in der Familie nie über Gefühle gesprochen wurde, weil immer nur hart gearbeitet und auf emotionale Themen wenig Wert gelegt wurde, dann können auch die Kinder in gewisser Hinsicht zu ‚emotionalen Analphabeten' werden. Wir können uns das ungefähr so vorstellen, als wenn jemand, der noch nie Wein getrunken hat, plötzlich über den Geschmack und die Qualität verschiedener Rebsorten urteilen soll. Er hat einfach keine Ahnung, kann die feinen Unterschiede seiner Sinneseindrücke nicht herausarbeiten."

Um unsere Ängste, Sorgen, Wünsche und Bedürfnisse differenziert spüren und äußern zu können, müssen wir also eine langjährige emotionale Lernerfahrung durchlaufen, in der uns unsere Gefühle widergespiegelt werden. Viele Kriegskinder konnten ihren Kindern das „Fühlen" nicht gut beibringen. Und das beschert den Kindern noch heute häufig Probleme – in Beziehungen, am Arbeitsplatz, mit sich selbst. In diesem Kapitel berichten meine Gesprächspartner, stellvertretend für viele andere

Kinder von Kriegskindern, wie sich die emotionale Sprachlosigkeit der von Krieg und Nationalsozialismus geprägten Eltern auf sie übertrug.

„Es fiel mir schwer zu sagen, wie es mir geht."

Claudia ist Krankenschwester, wie zuvor bereits ihre Mutter und Tanten. Ihre Berufswahl bringt die 42-Jährige direkt in Verbindung mit dem ausgeprägten Sicherheitsdenken ihrer Eltern. „Meine Eltern haben mir so eine Panik eingetrichtert, dass ich überhaupt nicht auf den Gedanken kam, das zu machen, was ich gern gemacht hätte", erinnert sich die Düsseldorferin. „Ich höre meinen Vater noch sagen: ‚Krankenschwester ist doch toll, denn Kranke gibt es immer.' Wenn ich gelernt hätte, auf meine Gefühle zu hören, hätte ich vermutlich Kunst studiert." Doch im Umgang mit Gefühlen tat sich Claudias Familie schwer. Die Eltern, beide Kriegskinder, waren zwar fürsorglich, aber nur wenig mitfühlend. Schmerzliche Gefühle lernten sie aufgrund ihrer Kindheits- und Jugenderfahrungen in Kriegszeiten früh zu unterdrücken und konnten sich dementsprechend später nur schwer in die emotionalen Bedürfnisse ihrer Kinder einfühlen. Denn sich etwas tiefer auf Claudias Erlebniswelt oder die ihres Bruders einzulassen, hätte möglicherweise die eigene Abwehr, das eigene Verdrängte der Eltern erschüttert. „Die äußeren Umstände mussten stimmen, die Versorgung musste funktionieren, aber was einen sonst so innerlich beschäftigt, das musste man mit sich selbst ausmachen", erklärt Claudia. Folglich fiel es auch ihr schwer, einen guten Zugang zu ihren Emotionen zu finden. Noch heute hat Claudia bisweilen Probleme, ihre Gefühle zu spüren und vor allem mitzuteilen. „Meine Eltern sind stumm geblieben", erklärt Claudia. „Und das hat sich für mich sehr negativ ausgewirkt. Ich arbeite nun ganz hart daran, diese Sprachlosigkeit nicht weiterzugeben."

Claudias Mutter ist 1930 in einem Dorf in Pommern geboren, als eines von sechs Kindern. Während des Krieges blieb sie mit der Mutter und zwei Schwestern im Dorf zurück – der Vater und zwei ältere Brüder waren eingezogen worden, die große Schwester arbeitete auf einem entfernten Gutshof als Hauswirtschaftslehrerin. Als sich Anfang 1945 die sowjetischen Armeen näherten, floh die Großmutter mit den drei Töchtern in ein Auffanglager für Flüchtlinge im Westen, in der vollen Gewissheit, bald wieder in ihr Dorf zurückkehren zu können. Nach ein paar Wochen – überzeugt, dass die Gefahr nun vorbei sei – trat die Großmutter mit den drei Töchtern tatsächlich unter abenteuerlichen Umständen die Heimreise in ihr pommersches Dorf an.

Dort angekommen, erlebte sie jedoch einen Schock: Im Haus wohnten nun andere Leute, das Hab und Gut der Familie war im ganzen Dorf verteilt. Der Großmutter und den Töchtern blieb nichts anderes übrig, als zurück ins Lager zu gehen. Nach diversen Umwegen landeten sie schließlich in Paderborn, wo die Familie bei freundlichen Leuten unterkam und Ende 1945 mit dem Großvater und der älteren Schwester wiedervereint wurde. Die Brüder waren beide im Krieg gefallen.

„Meine Mutter selbst hat den Heimatverlust, die Flucht und vielen Verlusterfahrungen stets als nicht besonders dramatisch dargestellt, im Gegensatz zu ihren Schwestern", erzählt Claudia. „Sie hat immer ganz nüchtern von früher erzählt, so in etwa: So sah unser Haus aus, hier stand der Schrank, da gingen wir einkaufen." Erst jetzt, mit 77 Jahren, beginnt sie, etwas emotionaler über ihre Kindheitserlebnisse zu reden. Dass es schlimm war, die Heimat zu verlieren, dass sie große Angst hatte ... sie bringt das erst jetzt zur Sprache."

Wenn die Mutter von ihren belastenden Kindheits- und Jugenderfahrungen berichtete, waren ihre Gefühle wie abgespalten – so bewahrte sie sich wohl vor schmerzlichen Erinnerungen. Dieser Schutzmechanismus durchzog ihr Leben und war sicher auch in den Mangelerfahrungen ihrer Kindheit und Jugend begründet. Als mittleres von sechs Geschwistern hatte sie selbst nur wenig Zuwendung von der Großmutter erhalten, die überdies in den Kriegsjahren angesichts der verschollenen drei Kinder und des Ehemanns enorme Ängste ausgestanden haben muss. „Meine Mutter sagte stets, dass sie als mittleres Kind nur wenig Aufmerksamkeit bekam. Vor allem das älteste und das jüngste Kind waren wichtig, die dazwischen zählten nicht so", berichtet Claudia. „Diese Botschaft hat sie auch mir mitgegeben: ‚Nimm dich nicht so wichtig, es geht hier nicht um dich.' Das war sehr frustrierend."

Auch der Vater, 1936 in Berlin als ältestes von drei Kindern geboren, hatte im Krieg viel durchmachen müssen: Sein eigener Vater, Claudias Großvater, hatte sich aufgrund massiver Eheprobleme in den letzten Kriegsjahren freiwillig an die Front gemeldet und war kurz darauf gefallen, berichtet Claudia. Sein damals erst achtjähriger Sohn verkraftete den Tod des Vaters nur schwer: Er reagierte mit starkem Asthma und Neurodermitis. Dennoch fiel es bald ihm zu, die Rolle des Ältesten zu übernehmen und sich um die kleineren Geschwister zu kümmern – zumal sich die Großmutter wenig später „einen neuen Mann ins Haus holte", der jedoch offenbar selbst Versorgung einforderte statt im Haushalt mit anzupacken. Die Konflikte zwischen Claudias Vater, der Großmutter und dem neuen Partner dauerten an, bis Claudias Vater – kaum volljährig – Anfang der 1950er Jahre allein in den Westen ging. Wo er dann landete und was er tat, weiß Claudia nicht. Er sprach nie darüber. Erst ab Mitte der 1960er Jahre, als die Eltern heirateten und der Vater eine Stelle als Vollzugsbeamter in der Nähe von Paderborn antrat, ist Claudia wieder über seinen Lebenslauf im Bilde. „Ich bin aber auch nie auf die Idee gekommen, ihn zu fragen", erklärt sie. „Grundsätzlich konnte man mit ihm nicht reden. Er hat zwar gern politische Monologe gehalten, aber in Bezug auf persönliche Erlebnisse war er völlig stumm. Für mich ist aber offensichtlich, dass der Verlust seines Vaters und die schwierigen Kriegs- und Nachkriegsjahre ihn sehr geprägt haben." Vermutlich hatte der Vater nie eine kindgerechte Rolle einnehmen können: Er lernte, sein Innenleben zu ignorieren und blieb auch später für die eigene Familie emotional nicht zugänglich.

Erst kurz vor seinem Tod im Jahr 2000 habe der Vater erstmals Gefühle zeigen können, berichtet Claudia. Die zweijährige Enkelin, zu der er eine innige Beziehung hatte, lag schwer erkrankt auf der Intensivstation. „Da habe ich meinen Vater zum ersten Mal weinen sehen, er war völlig verzweifelt", erzählt Claudia. „Ich war einerseits berührt und andererseits sehr sauer. Uns Kindern gegenüber war mein Vater gefühlsmäßig ja immer völlig hilflos gewesen, da gab es überhaupt keine Verständigung. Noch heute finde ich es schrecklich, dass es zwischen mir und meinem Vater keine Nähe gab. Ich hätte es gebraucht, dass er einmal zu mir sagt: ‚Ich habe dich lieb.'"

Obwohl die Mutter insgesamt zugänglicher als der Vater war, hatte auch sie Schwierigkeiten, ihrer Tochter auf direktem Wege Liebe und Zuneigung zu zeigen. Als Claudia ihr eines Tages vorwarf, dass sie das Gefühl habe, es interessiere sie gar nicht, wie es ihr wirklich gehe, war diese allerdings zutiefst schockiert. „Es stimmt natürlich nicht, dass ich meinen Eltern egal war", reflektiert Claudia heute. „Aber sie konnten es einfach nicht vermitteln. Im Nachhinein würde ich sagen: Sie haben ihre Pflicht erfüllt und das haben sie gut gemacht. Aber es war nicht viel Herz dabei. Es ist nun meine Aufgabe, damit Frieden zu schließen."

Inzwischen bemüht Claudia sich intensiv, emotional nachzureifen. Gerade in Partnerschaften beschert ihr die angelernte „Sprachlosigkeit" immer wieder Probleme. Einige Beziehungen scheiterten bereits, weil Claudia sich einfach nicht äußern konnte. „Ich hätte mehr reden müssen – darüber, was mich stört und vor allem darüber, was mir gut gefällt. Zuneigung zu äußern fiel mir besonders schwer, das hatte ich von zu Hause nicht mitbekommen", erzählt sie. „Seit Jahren lerne ich nun zu fühlen, wie es mir eigentlich geht. Und das dann auch zu formulieren, nicht unkontrolliert, sondern ruhig und klar. Man tappt ja völlig im Dunkeln. Man hat ja keine Ahnung, wie sich das alles anfühlen könnte."

In Partnerschaften hat sie bislang zwar viel über sich erfahren können, zum Nachreifen aber taugten viele Beziehungen nur bedingt: „Die Leute aus meiner Generation haben oft dasselbe Problem. Viele sind genauso sprachlos wie ich. Auch das hat vermutlich mit der Kriegskindheit der Eltern zu tun." In den letzten Jahren hat sich Claudia aber zunehmend Partner gesucht, die warm und kommunikativ sind, „ganz anders als ich selbst". Aber gerade diese Beziehungen sind eine Herausforderung für sie. „Besonders in solchen Partnerschaften werde ich immer wieder mit meiner eigenen Unfähigkeit konfrontiert", reflektiert sie. „Zuerst habe ich die Schuld bei den anderen gesucht. Aber inzwischen kann ich diese Kritik annehmen und mich dazu äußern, damit umgehen. Das habe ich inzwischen begriffen."

In dem Bemühen, die eigenen Gefühle besser spüren und kommunizieren zu können, helfen Claudia vor allem ihr Beruf und ihr Hobby, die Malerei. Als Intensiv-Krankenschwester beobachtet sie häufig, wie hilflos gerade Angehörige aus der Kriegskinder-Generation mit belastenden Situationen umgehen. Zu sehen, wie die Verwandten mit der Krankheit eines geliebten Familienmitglieds nicht zurechtkommen, wie sprachlos viele Eheleute angesichts dessen sind, ist für sie schmerzhaft mitzuerleben – zugleich spürt sie jedoch einen starken inneren Bezug zu diesen Menschen. Sie versucht, in diesen Situationen stets zu intervenieren. „Es ist dann schön für mich, wenn es mir gelingt, ein Gespräch herzustellen und Hemmschwellen abzubauen", erzählt sie. „Da kann ich außerhalb meiner Geschichte üben, das betrifft mich nicht persönlich. Insofern ist der Beruf doch sehr nützlich für mich." Die Malerei hingegen hilft ihr, einen direkteren Zugang zu ihrem Gefühlsleben zu finden und Verschüttetes wieder zu beleben. Beides sind, so findet Claudia, effektive Strategien der Selbstheilung.

Die Verlust- und Mangelerfahrungen der Eltern in den Jahren ihrer Kriegskindheit haben Claudia in ihrer emotionalen Entwicklung stark geprägt. Sie ist trotz dieser für sie schmerzlichen Folgen stolz auf ihre Eltern, denn im Vergleich zu anderen Kriegskindern empfindet Claudia sie als weltoffen, aufgeschlossen und flexibel. Bis zum Tode des Vaters seien beide viel gereist und hätten sich politisch interessiert, ohne dabei festgefahrene Meinungen zu pflegen. „Meine Eltern haben sich auf den Heimatverlust irgendwie eingelassen; sie sagten sich wohl: Jetzt sind wir hier und machen das Beste daraus", meint Claudia voll Bewunderung. „Der Schmerz war sicherlich da, aber sie konnten ihr Schicksal annehmen, ohne dabei verbittert oder frustriert zu werden. Sie mussten nicht, wie so viele andere, alles entwerten oder ablehnen. In dieser Hinsicht waren sie wirklich fortschrittlich."

„Mein Vater hat mir immer vermittelt: ‚Mann' darf keine Schwächen haben."

Georg war lange nicht bewusst, wie sehr die Geschichte seiner Eltern in sein Leben hineinwirkte. Erst als bei ihm vor wenigen Jahren eine Depression diagnostiziert wurde, gelang es dem 1960 geborenen Physiotherapeuten, aufgrund seiner emotionalen Probleme einen Bogen zur Vergangenheit seiner Eltern zu schlagen. Beide Eltern sind stark geprägt von ihren Kindheits- und Jugenderfahrungen im Krieg und im Nationalsozialismus: Der Vater, 1927 im Sauerland geboren, von seiner Zeit als jugendlicher Ausbilder beim Reichsarbeitsdienst, die 1932 in Ostpreußen geborene Mutter von ihren Erlebnissen als Flüchtlingskind. Die schwarze Pädagogik und das Trauma der Vertreibung hinterließen deutliche Spuren in Georgs Familie. Im streng durchorganisierten Haushalt war für Gefühlsfragen oder intensiven Austausch nur wenig Raum – es zählten vor allem Werte wie Leistung, Disziplin, Ordnung und Sicherheit. Ängste oder Schwächen durften nicht zugelassen werden.

„Erst als ich in eine Krise geriet, wurde mir bewusst, wie sehr sich das alles in mir niedergeschlagen hatte", berichtet Georg. „Durch meine Probleme und die Versuche, sie in den Griff zu bekommen, wurde ich konfrontiert mit den Erinnerungen daran, wie ich erzogen wurde, wie in meiner Familie mit Gefühlen umgegangen wurde und welche Wertvorstellungen es gab. Mir fiel auf, wie dürftig die emotionale Versorgung zu Hause gewesen war."

Die Rollen waren in Georgs Kindheit klar aufgeteilt. Der Vater ging arbeiten und war für Reparaturen in Haushalt und Garten zuständig, die Mutter hütete Heim und Nachwuchs. Die drei Kinder hatten nicht zu stören. „Wenn Vater nach Hause kam, musste überall Ordnung sein und das Essen auf dem Tisch stehen", erinnert sich Georg. „Und wir Kinder sollten entweder verschwinden oder sehr leise sein. Da blieb kein Raum für Gespräche oder Austausch. Meine Mutter hielt sowieso tendenziell immer den Deckel drauf – für sie hatte vor allem das Haus einen hohen Stellenwert. Das ist ja auch nachvollziehbar, wenn man bedenkt, dass sie alles verloren hat."

Die Mutter wuchs auf einem großen Gutshof in Ostpreußen auf, in einer Familie mit acht Kindern. Als die sowjetischen Armeen im Januar 1945 in Ostpreußen einrückten, bewirtschaftete die Großmutter mit ihren sechs jüngeren Kindern – zwischen sechs und 16 Jahren alt – den großen Gutshof alleine. Der Großvater und älteste Onkel waren eingezogen worden, die älteste Tante bereits vor Kriegsbeginn zum Studium nach Berlin gegangen. Im Vertrauen darauf, dass ihnen schon nichts passieren würde, entschloss sich die Großmutter, mit ihren Kindern zu bleiben. Und im Vergleich zu vielen anderen zurückgebliebenen Deutschen hatte die Familie tatsächlich Glück im Unglück: Der Gutshof wurde von den sowjetischen Soldaten zu einer Kommandozentrale umfunktioniert und Großmutter und Kinder durften weiter dort leben, wenn auch in einem kleinen Kämmerchen.

„Ob es in meiner Familie zu Missbrauch kam, kann ich nicht sagen. Ich denke schon, dass viele Geschehnisse auf die Familie eingeprasselt sind, über die nie wieder gesprochen wurde", berichtet Georg. „Was ich allerdings weiß, ist, dass meine Mutter und ihre Geschwister in dieser Zeit schreckliche Dinge sahen. Sie sind oft zu Fuß die 20 Kilometer zum Haus der Großeltern gelaufen und haben auf dem Weg immer wieder Leichen gesehen, tote SS-Soldaten, die erfroren in den Gräben lagen. Diese Phase war sicherlich sehr traumatisch. Die Gewalt des Krieges kann nicht an ihnen vorübergegangen sein."

Nach Kriegsende wurde die Großmutter vor die Wahl gestellt, entweder die polnische Staatsbürgerschaft anzunehmen oder nach Deutschland auszusiedeln. Sie entschloss sich für die Aussiedlung und ein Güterzug brachte die Familie und andere Vertriebene ins Grenzdurchgangslager Friedland im südlichsten

Zipfel Niedersachsens. Die Fahrt dauerte Wochen, da der Zug immer wieder tagelang auf den Gleisen hielt. Für alle sei die Reise eine große Belastung gewesen, berichtet Georg: Eine Schwester erkrankte während des Transports an Typhus und eine andere verfiel in eine Katatonie – sie aß, trank, sprach und bewegte sich nicht mehr. In Friedland wurde die Familie einer Flüchtlingsunterkunft im Sauerland zugewiesen und musste warten, bis der Vater aus dem Krieg zurückkehrte. Erst dann konnte sie wieder über einen Teil des alten Vermögens verfügen und ein Häuschen im Sauerland kaufen. Georgs Mutter war zu diesem Zeitpunkt gerade einmal 14 Jahre alt.

Krieg, Heimatverlust und die Erfahrung des gesellschaftlichen Abstiegs von einer großbürgerlichen Existenz zum Flüchtling, all dies prägte die Mutter so sehr, dass sie fortan ihre Energie darauf verwendete, ihr Leben gegen das bedrohliche „Außen" abzuschirmen.

„Sie war immer viel zu Hause, unternahm kaum etwas und hatte keine gesellschaftlichen Hobbys", erinnert sich Georg. „Auch heute zieht sie sich noch zurück in ihr Schneckenhaus. Ihr Leben, das ist ihr Heim." Auch ihre Kinder wünschte sich die Mutter „in Sicherheit": Sie forderte Georg stets auf, sich in der Schule mehr anzustrengen, damit er später einmal eine höhere Sparkassenlaufbahn einschlagen könne – ein Beruf, der weder Georgs Plänen noch seinen Neigungen entsprach. Die Mutter war sicherlich fürsorglich und familienorientiert, doch innerlich nur wenig präsent: Sie sah zwar zu, dass „alles lief", war aber keine Ansprechpartnerin in Sachen „Gefühle".

Auch die nationalsozialistische Vergangenheit des Vaters beeinflusste Georgs Entwicklung stark. 1927 geboren, durchlief der Vater alle Jugendorganisationen der Hitlerzeit. Noch zu jung für die Front, wurde er Anfang der 1940er Jahre zum Reichsarbeitsdienst eingezogen und einem militärisch orientierten Trainingslager im Sauerland zugewiesen. Nach einer kurzen Ausbildungszeit hatte der 17-jährige Vater das „Glück", nicht an die Front versetzt zu werden, sondern als Ausbilder bleiben zu dürfen. Erst kurz vor Kriegsende wurde er zum sogenannten Dienst an der Waffe im Rheinland verpflichtet, erlitt jedoch sofort eine leichte Verletzung und erlebte den Niedergang des nationalsozialistischen Regimes im Lazarett.

Die Erziehung im Nationalsozialismus und vor allem im Arbeitsdienst habe den Vater sehr geprägt, glaubt Georg: „Bis heute sind die reaktionären Wertvorstellungen, die er vermittelt bekam, in seiner Persönlichkeit verankert. Er hat sich dieser Einflüsse nur schwer oder gar nicht entledigen können. Er ist sehr strukturiert, diszipliniert, ordnungsliebend und legt viel Wert auf gesellschaftliche Normen und Werte. Heute ist ihm alles zu schlaff und zu anti-autoritär. Und auch in der Erziehung seiner Kinder haben sich diese Prägungen niedergeschlagen: Ich bin sehr streng erzogen worden, für Sachen wie ‚Ich hab' da ein Problem' oder Gefühlsfragen war kein Raum." Auch die Eltern seien nicht in der Lage gewesen, angemessen miteinander zu kommunizieren: Wenn es Streit gegeben habe, seien ordentlich die Fetzen geflogen und die Kinder hätten in ihren Zimmern verschwinden müssen. Am nächsten Morgen haben dann alle so getan, als sei nichts gewesen. Mitunter hätte der Vater auch die Kommunikation zur gesamten Familie abgebrochen und wochenlang mit niemandem gesprochen.

Die eigenen Angst- und Trauergefühle zu spüren, einen konstruktiven Umgang mit Wut zu pflegen, zwischenmenschliche Konflikte zu lösen – das konnte Georg in seinem Elternhaus nicht lernen. Die emotionale Versorgung fand eher durch die Geschwister statt. „In Sachen Gefühle oder persönliche Entwicklung war meine ältere Schwester viel eher meine Ansprechpartnerin", erklärt Georg. „Aber das kann den Vater ja trotzdem nicht ersetzen."

Wie sehr Georg jedoch vom emotionalen Vatermangel und

den negativen Identifizierungen mit den nationalsozialistischen Erziehungsidealen seines Vaters geprägt war, merkte er erst, als vor einigen Jahren seine beiden Kinder zur Welt kamen. Die eigene Vaterrolle brachte ihn in die Nähe zum eigenen Vater – und stürzte ihn in eine tiefe Krise. „Plötzlich war ich in der Situation, dass ich selber erziehen durfte. Und da fragte ich mich, wie mein eigener Vater das früher gemacht hatte und wie es mir als Kind damit so ergangen war", berichtet er. „Mit den eigenen Kindern erlebt man ja immer wieder Situationen, in denen sie einen bis aufs Blut reizen und man denkt: Ich gehe jetzt mal lieber nach nebenan. Mein Vater hat in einer solchen Situation früher mit Gewalt reagiert, da gab es Schläge, wenn wir nicht ‚gehorchten'. Diesen Fehler wollte ich nicht machen. Ich begann dann, mir intensiv Gedanken darüber zu machen, wie ich mit meinen Emotionen umgehe, wie ich anderen meine Gefühle vermitteln kann, ohne sie zu verletzen. Da entdeckte ich, dass ich das gar nicht kann. Das musste ich erst lernen."

Georg konnte mit den heftigen Affekten seiner Kinder nur schlecht umgehen – möglicherweise, weil sie ihn auch mit eigenen unterdrückten Gefühlen in Berührung brachten. Er glitt in eine Depression, die er im Nachhinein als eine nach innen gekehrte Form der Aggression deutet: „Etwas konnte sich keinen Platz schaffen." In einer zweijährigen Psychotherapie begann er, sich intensiv mit seiner Geschichte auseinanderzusetzen. „Ich habe alles überprüft: Was ist wichtig, was ist unwichtig?", erzählt er. „Vorher erschienen mir viele Dinge wichtig, die ich selbst in meiner Erziehung mitbekommen hatte. Dass man berufliche Sicherheiten schaffen muss, ein sicheres Zuhause bauen muss, immer den ‚starken Mann' markieren muss. ‚Mann' darf keine Schwächen haben. Erst mit der Zeit ging mir auf, dass es gar nicht so schlimm ist, wenn mal etwas nicht klappt. Dass es menschlich ist und andere Menschen das auch akzeptieren, wenn man zeigt, dass man schwach ist." Auch die Möglichkeit, sich beruflich zu verändern, half ihm bei seinem Entwicklungsweg – Georg wechselte von seiner Stelle als Physiotherapeut im Krankenhaus auf eine Position im Gesundheitsmanagement.

Sich vom Männerbild des eigenen Vaters zu verabschieden, war für Georg ein harter, aber letztlich befreiender Weg. „Man hat ja nur den einen Vater gehabt", erklärt er. „Und ich hätte es natürlich so machen können wie er. Aber das konnte ich nicht. Deshalb musste ich für mich ein ganz neues Vaterbild entwerfen."

Heute ist Georg viel zufriedener mit seinem Familienleben, seiner Beziehung, seinem Job – es fühlt sich für ihn alles authentischer an. Seinen Kindern ist er ein zugänglicher, präsenter Vater. Die Enttäuschung darüber, dass die Beziehung zum eigenen Vater in emotionaler Hinsicht so leer war, wird wohl bleiben: „Ich kann mich nicht erinnern, jemals mit meinem Vater ein Gespräch übers Mannwerden oder über Gefühlsdinge geführt zu haben. Und das bedaure ich sehr."

Auch wenn sich beide Gesprächspartner mit der Geschichte der Eltern und den eigenen Prägungen auseinandergesetzt haben, bleibt bei ihnen doch die Sehnsucht nach einer innigeren Beziehung zu den Eltern. Der Schmerz über die Sprachlosigkeit, über den erfahrenen Mangel an Nähe und emotionaler Zuwendung, über die „Fremdheit" sitzt nach wie vor tief. Während Georg es jedoch als unwahrscheinlich einschätzt, dass seine Eltern sich noch einmal öffnen werden, beobachtet zumindest Claudia, dass ihre Mutter mit zunehmendem Alter in emotionaler Hinsicht zugänglicher wird. Ein wichtiger Schritt, wie der Altersforscher Radebold erklärt: Kriegskinder, denen es gelingt, wieder einen Zugang zu ihren Erinnerungen und ihrem Gefühlsleben zu erhalten, altern seelisch gesünder. „Die frühen Vorbilder – Härte gegen sich selbst zeigen, Ängste wegpacken und die eigenen körperlichen und seelischen Bedürfnisse nur eingeschränkt wahrnehmen – eigenen sich zum Überleben im Krieg und auch in der Nachkriegszeit, aber für das seelische Wohlbefinden im Alter taugen sie nicht", sagt Radebold in einem Interview für die Zeitschrift Psychologie Heute. „Was jetzt zählt, ist: Sensibel auf die eigenen Bedürfnisse achten, über sich reden können, trauern können, Gefühle zulassen – und sie auch zeigen können." Nicht zuletzt liegt darin auch eine Chance für die Kriegskinder und ihre Kinder, sich in späten Jahren doch noch einmal näherzukommen. Denn ein besserer Zugang zu den eigenen Gefühlen ermöglicht auch ein empathischeres Verstehen des Gegenübers.

5. Scham und Schweigen
Wie sexuelle Übergriffe die Familiengeschichte prägen

Im Jahr 2003 veröffentlichte der Eichborn-Verlag die anonymen Tagebuchaufzeichnungen einer etwa 30-jährigen Frau, die in den Monaten April bis Juni 1945 die Besetzung Berlins durch die Rote Armee miterlebte. Das Buch erregte sofort große Aufmerksamkeit, denn der Bericht der „Anonyma" mit dem Titel *Eine Frau in Berlin* berührte ein Thema, über das im Deutschland der Nachkriegszeit viele Jahrzehnte lang nur hinter vorgehaltener Hand gesprochen worden war: Die hunderttausendfachen sexuellen Übergriffe alliierter Soldaten auf deutsche Mädchen und Frauen – und bisweilen auch Jungen – in den letzten Kriegs- und Nachkriegsmonaten. Recherchen der Autorinnen Helke Sander und Barbara Johr (*BeFreier und Befreite: Krieg, Vergewaltigungen, Kinder*) zufolge wurden allein in Berlin in den Monaten April bis Juni 1945 mindestens 100.000 Frauen vergewaltigt, also jede 14. der insgesamt 1,4 Millionen Berlinerinnen. Über 40 Prozent der Betroffenen, so die Autorinnen, seien mehrfach vergewaltigt worden, jede Zehnte sei anschließend an inneren Verletzungen gestorben oder habe sich umgebracht.

Die Situation in den Ostgebieten war ähnlich: Nach einer gründlichen Durchforstung deutscher und russischer Archive und Krankenhausakten schätzt der britische Historiker Anthony Beevor (*Berlin 1945: Das Ende*) die Zahl der während Flucht und Vertreibung von sowjetischen Soldaten vergewaltigten Mädchen und Frauen auf 1,4 Millionen.

Doch nicht nur im Osten, auch in Süd- und Westdeutschland kam es zu Übergriffen durch alliierte Soldaten: In Stuttgart und Umgebung ermittelten die Alliierten 1.200 Vergewaltigungsfälle durch französische Soldaten, in Heidelberg verhandelten die Gerichte 487 Vergewaltigungen durch US-amerikanische Soldaten. Historiker gehen heute von insgesamt zwei Millionen deutschen Vergewaltigungsopfern aus. Doch das ganze Ausmaß der Übergriffe wird wohl nie bekannt werden: Aus Scham und Demütigung schweigen viele betroffene Frauen – und schweigen bisweilen noch heute.

Die „Anonyma" jedoch schilderte in kaum erträglicher Klarheit die unsäglichen Erlebnisse und Überlebensstrategien vieler Frauen im besetzten Berlin und brach damit ein Tabu. Bereits im Jahr 1959 hatte die unbekannte Autorin ihre Aufzeichnungen in einem kleinen Schweizer Verlag veröffentlicht. Zu diesem Zeitpunkt löste das Buch jedoch ein negatives Echo aus: Eine Beschäftigung mit den Missbrauchserfahrungen deutscher Frauen in den Kriegs- und Nachkriegsmonaten, zudem noch in so kühlem und unsentimentalem Stile verfasst, war nicht erwünscht. So entschloss sich die Autorin, die Aufzeichnungen erst nach ihrem Tod wieder veröffentlichen zu lassen – und selbst dann nur im Schutze der Anonymität. Für heutige Leser ist das Bemerkenswerte an den Aufzeichnungen der „Anonyma" aber womöglich weniger die Schonungslosigkeit ihrer Schilderungen als ihr Unwille, die Täter angesichts der Kriegsschuld der Deutschen zu verurteilen. In gewissem Sinne betrachtete sie ihr Schicksal als Bringschuld für das durch die Deutschen verursachte millionenfache Leiden. „Keines der Opfer kann das Erlittene gleich einer Dornenkrone tragen", erklärt sie. „Ich wenigstens hatte das Gefühl, dass mir da etwas geschah, was eine Rechnung ausglich."

Tatsächlich hatten nicht nur „der Russe", „der Franzose", „der Amerikaner" und bisweilen auch „der Engländer" ihre Macht durch sexualisierte Gewalttaten an Frauen und Mädchen zu untermauern versucht. Deutsche Wehrmachtssoldaten, Angehörige der SS, der SA sowie der Polizeibataillone gingen in den von Nationalsozialisten besetzten Gebieten gleichermaßen grausam gegen Mädchen und Frauen vor. Die Forschung geht heute von ungefähr zehn Millionen Vergewaltigungen durch deutsche Männer allein auf russischem Boden aus. Die Bremer Historikerin Barbara Johr beschreibt die Situation wie folgt: „Vergewaltigungen durch SS-Männer kamen so oft vor, dass sich die Wehrmachtsführung darüber im Hauptquartier beklagte. Auch Wehrmachtssoldaten vergewaltigten, wie Gerichtsakten belegen. Um die Ausbreitung von Geschlechtskrankheiten bei den Soldaten unter Kontrolle zu halten, wurden darüber hinaus Wehrmachtsbordelle und SS-Offiziersbordelle geschaffen, in denen Hunderte vor allem polnischer und russischer Mädchen und Frauen zur Prostitution gezwungen wurden." Selbst in den Konzentrationslagern unterhielten die Nationalsozialisten Bordelle, wie hinlänglich bekannt ist.

Möglicherweise sind die durch deutsche Soldaten begangenen Vergewaltigungen auch eine Erklärung dafür, dass viele deutsche Männer nach ihrer Rückkehr aus dem Krieg von den sexuellen Gewalterfahrungen ihrer Frauen und Töchter nichts wissen wollten – dies zumindest ist in Zeitzeuginnen-Berichten und auch den Aufzeichnungen der „Anonyma" immer wieder zu lesen. Die weitreichenden Folgen der sexuellen Gewalt für das Leben der eigenen Frauen und Töchter anzuerkennen, hätte das Selbstbild des anständigen deutschen Landsers vielleicht massiv erschüttert.

Das Schweigen der Ehemänner, die sexuelle Moral der 1950er Jahre und die Kriegsschuld erschweren eine Beschäftigung mit den traumatischen Erlebnissen der knapp zwei Millionen deutschen Vergewaltigungsopfer. Und auch die Frauen selbst schweigen über die erlittenen Demütigungen – aus Scham, analysiert die Schweizer Ärztin Monika Hauser, Gründerin der Hilfsorganisation „medica mondiale", eines Vereines zur Unterstützung von traumatisierten Frauen und Mädchen in Kriegs- und Krisengebieten. „Für die Frauen sind die Erlebnisse sexualisierter Gewalt und die damit verbundenen Demütigungen noch heute tabu-

und schambeladen", erklärt sie in einem Interview mit der Zeitschrift Psychologie Heute. „Und dass die Frauen bisweilen zum Schweigen verdammt wurden, verstärkte das Gefühl der Isolation und Ohnmacht."

Die Ärztin initiierte das Zeitzeuginnen-Projekt „Zeit zu Sprechen" über die Vergewaltigungen deutscher Frauen in den letzten Kriegs- und Nachkriegsmonaten und stellte fest, dass die Erlebnisse von damals bis in die heutige Zeit nachwirken. Chronische Krankheiten und lebenslange psychische Probleme sind Folgen der bis heute kaum bearbeiteten Vergewaltigungen. Auch in Fachkreisen weiß man dies seit einigen Jahren: In der geriatrischen Psychiatrie, den Pflegediensten und Altenheimen ist inzwischen bekannt, dass viele Depressionen, Schlafstörungen und Angstzustände älterer Patientinnen auf sexuelle Gewalttaten der Kriegs- und Nachkriegszeit zurückgehen. Über Jahrzehnte hinweg hatten viele betroffene Frauen die erlittene sexuelle Gewalt zwar erfolgreich verdrängen können – doch mit dem Ende der Berufstätigkeit, der Loslösung aus dem Familienkreis sowie der Inanspruchnahme körperlicher Pflege kehrten die Erinnerungen zurück.

Forschungen zufolge leiden ungefähr 55 Prozent aller Vergewaltigungsopfer nach dem Ereignis an einer posttraumatischen Belastungsstörung. Bei einem Drittel der Betroffenen bleibt die Störung lebenslang bestehen. „Gefühlsverleugnungen, Vermeidungsreaktionen und insbesondere emotionale Anästhesie- und Dissoziationstendenzen" seien typische Folgen von sexueller Traumatisierung, erklären die Psychiater Gottfried Fischer und Peter Riedesser (Fischer/Riedesser (Hg.): *Lehrbuch der Psychotraumatologie*). Zerstört werde zudem „das eigene Selbstverständnis, und zwar in Bezug auf die Fähigkeit zur Selbstbestimmung und Selbstverteidigung in bedrohlicher Lage". Die Welt wird als nicht mehr sicher erlebt – und dieser tiefe Vertrauensverlust kann mitunter auch vor den nächsten Generationen nicht verheimlicht werden: Eltern, die einer Vergewaltigung zum Opfer fielen und deren Trauma unbearbeitet bleibt, geben ihre Erfahrungen oft ungewollt an ihre Kinder weiter, auch wenn sie über das Geschehene schweigen. Die Kinder reagieren, indem sie emotionale Zustände des Elternteils wie Ängste oder Schuldgefühle übernehmen oder das Trauma im Sinne eines „acting out" – also einer Reinszenierung des Erlebten – zu wiederholen versuchen, um es für sich zu konkretisieren. „Wir erhalten viele Briefe, in denen Frauen schreiben, dass das Trauma der Mütter ihr ganzes Leben überschattet hat", berichtet Monika Hauser.

Auf den nächsten Seiten möchte ich zeigen, welche Folgen das Schweigen über die sexuellen Gewalterlebnisse der letzten Kriegsmonate und ersten Nachkriegsmonate noch für die Kinder der Kriegskinder, die dritte Generation, haben kann.

„Das Schweigen muss ein Ende haben."

Heimatsuche und Wiedergutmachung der elterlichen Verlusterfahrungen – auch in Doris Geschichte finden sich diese Themen wieder. Die 1965 geborene Landwirtin arbeitet für einen Bauernverband in Rheinland-Pfalz und sieht einen direkten Zusammenhang zwischen ihrem Engagement für die Landwirte und den kriegsbedingten Verlusterfahrungen ihrer Eltern. Sowohl die Familie der Mutter als auch die des Vaters verloren durch den Krieg ihren landwirtschaftlichen Besitz.

Die Mutter, 1937 geboren, wuchs als Älteste von fünf Geschwistern auf einem großen Gutshof auf der Insel Rügen auf, den die Familie im September 1945 für immer verlassen musste – im Zuge der Bodenreform in der Sowjetischen Besatzungszone wurden alle Bauern mit über 100 Hektar Besitz enteignet. Der Vater, 1933 auf einem kleineren Hof in der Magdeburger Börde in Sachsen-Anhalt geboren, musste den Familienbesitz einige Jahre später ebenfalls aufgeben: Der Großvater weigerte sich 1952, in eine Landwirtschaftliche Produktionsgenossenschaft (LPG) einzutreten und floh in einer Nacht-und-Nebel-Aktion mit seiner Familie gen Westen. „Die Familie meines Vaters hat immer geglaubt, sie könnte noch einmal zurück auf den landwirtschaftlichen Betrieb und ihr altes Leben wieder aufnehmen. Aber natürlich kam es nicht dazu", berichtet Doris. „Mein Vater hat darunter immer gelitten. Allerdings wurde nicht viel drüber gesprochen, zumindest habe ich als Kind keine Erinnerungen daran. Ich erfuhr das alles erst bewusst, als ich weit über 20 war." Der schmerzliche Verlust war auch ohne Worte spürbar.

Nach dem Abitur entschloss Doris sich, Landwirtschaft zu studieren. Sie konnte damals selbst nichts sagen warum – die Eltern rieten ihr eher davon ab. Doch Doris identifizierte sich so sehr mit der Geschichte der Eltern, dass sie als Studienort sogar dieselbe kleine Stadt im Rheinland wählte, in der sich Mutter und Vater Anfang der 1960er Jahre kennengelernt hatten – und sogar in dieselbe Straße zog, in der die Eltern damals gelebt hatten. Während ihres Studiums wurde Doris klar, was die Eltern verloren hatten, an Land, an Zugehörigkeit, an Werten. Sie entschloss sich, in ihrem Berufsleben fortan für die Rechte der Landwirte zu kämpfen.

Heute arbeitet Doris in einem Verband und setzt sich dafür ein, dass den Bauern Gerechtigkeit widerfährt und sie auch unter den heutigen Bedingungen ihr Auskommen haben. „Sicherlich versuche ich damit irgendwie, wieder Gerechtigkeit herzustellen, denn genau das wurde meinen Großeltern und Eltern versagt", meint sie.

Bei Doris verschwimmt die Grenze zwischen den Verstrickungen in die Familiengeschichte und den eigenen Bedürfnissen immer wieder. „Ich muss immer darauf achten: Was davon tue ich für mich und was meine ich, für meine Vorfahren tun zu müssen? Inzwischen ist es aber nicht mehr mein Ziel, meine Eltern zu heilen. Das kann ich ohnehin nicht", reflektiert sie.

Diese bittere Erkenntnis ist allerdings noch relativ jung: Seit einigen Jahren kämpft Doris mit Depressionen, im letzten Jahr erlitt sie einen Burnout und verbrachte sechs Wochen in einer Reha-Klinik. Seit diesem Aufenthalt weiß sie, dass sie besser auf sich achten muss: „Ich darf nicht wieder in Perfektionismus verfallen und mich für die Bauern aufopfern, die ja manchmal gar nicht sehen, wie sehr ich für sie kämpfe." Ihr Engagement ist eine schwierige Gratwanderung.

Doris vermutet, dass hinter ihrem überdurchschnittlichen beruflichen Engagement auch das Bedürfnis nach Anerkennung vom Vater steckt, der wenig offenkundiges Interesse für sie zeigte. „Mein Vater hat immer nur seine Heimat gesehen. Vielleicht aus den Augenwinkeln noch meine Mutter und seinen Sohn. Aber ich konnte machen, was ich wollte", erzählt Doris. Emotionale

Zuwendung, körperliche Nähe, Liebesbeweise – das habe der Vater nicht zeigen können. Noch heute schenke er ihr Anerkennung und Zuneigung nur in einer verschlüsselten Form: „Er sagt zum Beispiel immer ‚Fahr vorsichtig.' Das ist seine Art und Weise zu sagen: ‚Ich hab dich lieb, pass auf dich auf.'"

Auch die Mutter habe stets Schwierigkeiten gehabt, ihre Gefühle mitzuteilen. „Von ihr gab es zwar körperliche Nähe, aber verbale Liebesbeweise bekomme ich erst, seitdem es Handys und SMS gibt. In diesen kurzen Nachrichten schafft sie es dann doch, zu schreiben: ‚Ich habe dich lieb.' Aussprechen können sie das beide nicht." Wie so viele andere Kinder von Kriegskindern auch, wurde Doris von ihren Eltern zwar gut versorgt, aber geborgen fühlte sie sich zu Hause nicht. „Mir fehlte schon als Kind der Halt", erinnert sie sich. „Ich kam mir fremd in der Welt und in mir selbst vor."

Diese Unfähigkeit der Eltern, emotional auf Doris einzugehen, hatte auch Folgen für ihr Gefühlsleben: Eigene Bedürfnisse konnte sie nicht gut wahrnehmen. „Ich hatte immer eine hohe Sensibilität dafür, wie es anderen geht", erzählt sie. „Aber wie es mir geht, das konnte ich über viele Jahre nicht sagen. Das lerne ich erst jetzt." Doris glaubt, dass die Ehe der Eltern noch heute eine Art Schicksalsgemeinschaft ist, die ihren Ursprung in den ähnlichen kriegsbedingten Kindheitserfahrungen hat. „Ich bin mir ganz sicher, dass es das Thema „Verlust" ist, das meine Eltern aneinander bindet", analysiert sie. „Diese gleiche Geschichte und diese gleiche Problematik, mit Gefühlen umzugehen."

Die emotionale Unerreichbarkeit der Eltern wird für Doris besonders deutlich, wenn sie an eine Situation zurückdenkt, die sie als zehnjähriges Mädchen erlebte. Mit ihren Eltern war sie übers Wochenende bei einer Schwester der Mutter zu Besuch. Als Doris zu Bett gegangen war, erschien plötzlich der Onkel und legte sich zu ihr ins Bett. Er begann, sie am ganzen Körper zu streicheln – eine beängstigende Erfahrung für das Mädchen. Als er am zweiten Abend wiederkam, verließ Doris das Bett, ging zu den übrigen Erwachsenen hinunter und sagte, dass sie nicht wolle, dass der Onkel sie berühre. „Meine Eltern haben nur gelacht und mich wieder ins Bett gebracht", erinnert sich Doris. Wenig später habe der Onkel Doris erneut aufgesucht, woraufhin sie sich aber auf den Bauch gedreht und schlafend gestellt habe. Heute weiß Doris, dass auch ihre beiden Cousinen, die eigene Tochter des Onkels und die Tochter einer anderen Tante, von diesem Onkel missbraucht wurden. Es schockiert sie noch immer, dass niemand in der Familie auf die verschiedenen Signale der Kinder reagierte. „Meine Eltern haben gesagt, sie hätten das damals nicht kapiert. Doch sie hätten mir glauben und dem Onkel Einhalt gebieten müssen. Für ein zehnjähriges Kind ist es schrecklich, den Mut zu haben, die Eltern um Hilfe zu bitten und keine Hilfe zu bekommen", erinnert sich Doris. „Und ich habe dadurch an meinen Wahrnehmungen gezweifelt und über Jahre geglaubt, meine Empfindungen wären falsch. Als ich dann mit Mitte 30 meinen Eltern und meinem Bruder davon erzählte, war die Reaktion dieselbe: Mein Vater, mein Bruder und meine Mutter saßen schweigend am Tisch. Erst während eines psychotherapeutischen Klinikaufenthalts habe ich verstanden, dass diese Reaktion einer Hilflosigkeit geschuldet war. Damals dachte ich: Die glauben mir wieder nicht."

Einen Grund für das Wegschauen und anhaltende Schweigen der Eltern glaubt Doris in einer generellen Tabuisierung des Themas sexueller Missbrauch zu erkennen. Denn Missbrauchserfahrungen ziehen sich durch die Familiengeschichte: Auf dem Gutshof der Mutter habe es gegen Kriegsende zahlreiche Vergewaltigungen durch sowjetische Soldaten gegeben, über die aber bis heute in der Familie nicht gesprochen werde, erklärt Doris. „Alle jüngeren Frauen und Mädchen wurden in den letzten Kriegsmonaten auf dem Hof in einem Zimmer hinter einem Schrank versteckt. Meine Großmutter, ihre Schwägerin und deren Tochter sind trotz aller Vorsichtsmaßnahmen von den Russen vergewaltigt worden", berichtet Doris. „Die Schwägerin meiner Großmutter und deren Tochter haben sich infolgedessen sogar das Leben genommen, wie sehr viele Frauen in der Umgebung." Doris Mutter, die Älteste von fünf Geschwistern, war zu diesem Zeitpunkt acht Jahre alt. Was genau sie von den Vergewaltigungen mitbekommen hat, weiß Doris nicht – weder die Großmutter noch die Mutter sprachen jemals wieder darüber. Doris selbst erfuhr von den Vergewaltigungen erst aus einer Niederschrift über die Kriegsjahre, die die Großmutter vor ihrem Tode für die fünf Kinder angefertigt hatte. „Da war ich schon erwachsen, 25 oder 26 Jahre alt", erinnert sich Doris. „Und ich fragte meine Mutter dann: ‚Wusstest du das?' Und sie sagte: ‚Das stimmt alles nicht.'"

Für die damals achtjährige Mutter müssen die Erlebnisse der letzten Kriegsmonate hart an der Grenze des Erträglichen gewesen sein. Zumal das Mädchen als Älteste von fünf Geschwistern vermutlich eine besonders starke Angst und auch Verantwortung für die Familie verspürt haben muss. Einfach zu leugnen, was geschehen war, war vielleicht die einzige Möglichkeit, mit dem Trauma umzugehen.

Wollte Doris Mutter aus diesem Grund nicht wahrhaben, was geschah, als später die eigene Tochter und zwei Nichten Opfer eines Sexualtäters innerhalb der Familie wurden?

„Ich glaube, dass in der Familie durch diese Erfahrung von Vergewaltigung und Angst eine ungeheure Scham existiert", analysiert Doris. „Meine Mutter und ihre beiden Schwestern sind jede auf ihre Weise damit umgegangen. Meine Mutter, indem sie überhaupt keine Nähe zulässt und versucht, die Leute auf Abstand zu halten. Meine zweite Tante, indem sie einen Mann geheiratet hat, der zu Gewalt neigt und die eigene Tochter missbraucht." Und auch die dritte Tante habe sich dem Schweigen verschrieben, berichtet Doris. Als Doris ihr vor einigen Jahren von den Übergriffen des Onkels auf sie und ihre Cousinen erzählte, habe die Tante ihr geraten, alles zu vergessen: „Jetzt habt ihr so lange geschwiegen, jetzt braucht ihr auch nichts mehr zu sagen." Doris war entsetzt über diese Reaktion. „Wegschauen und Schweigen, das ist aus der mütterlichen Familie mitgekommen. Aber Schweigen ist falsch: Nur Reden hilft, damit es nicht wieder passieren kann. Meine größte Sorge gilt nun meinen Nichten. Ich möchte nicht, dass es in meiner Familie Mädchen gibt, die dasselbe erleben müssen. Zu meinem Bruder habe ich gesagt: Mach deine Kinder stark, dass sie bereit sind, gegen so etwas vorzugehen. Das Schweigen muss ein Ende haben."

Die Kriegserfahrungen der Eltern wirkten sich auch auf Doris Beziehungsleben aus. Sich an einen Partner zu binden, Vertrauen zu entwickeln, die eigene Bedürftigkeit zuzulassen, fällt Doris noch heute schwer. Bislang suchte sie sich immer Partner, die aufgrund bereits bestehender Beziehungen oder eigener Probleme für eine dauerhafte Bindung nicht in Frage kamen – so musste sie sich gar nicht erst einlassen und konnte die eigenen Bedürfnisse durch ihr altruistisches Verhalten abwehren: „Ich habe mir immer Männer gesucht, die mit sich selbst genug zu tun hatten, und mich dann bemüht, ihnen zu helfen. Das wollte ich ja bei meinem Vater schon. Und so fand ich mich immer wieder in einer Rolle, in der ich selbst nicht wichtig war."

Sobald jemand aber ernsthaft Interesse an einer Partnerschaft mit ihr zu zeigen begann, brach Doris die Beziehung ab. „Vermutlich steckt hinter meinen Schwierigkeiten auch ein Schutz vor Nähe: Wenn ich nichts an mich heranlasse, kann ich auch nichts so verlieren, wie es meinen Eltern passiert ist", meint Doris. So wirkt sie der Hoffnung, durch Partnerschaft oder eine eigene Familie irgendwann ein Heimatgefühl zu verspüren, mit ihrem Beziehungsverhalten doch immer wieder entgegen. Dennoch ist Doris optimistisch, dass es ihr durch die intensive Beschäftigung mit der Familiengeschichte gelingen wird, die negativen Prägungen hinter sich zu lassen.

Ein wichtiges Anliegen ist für sie dabei, zu verhindern, dass die Traumatisierung in ihrer Familie weitergegeben wird. „Es braucht seine Zeit, diese Verstrickungen aufzulösen", reflektiert sie. „Aber inzwischen glaube ich, meine Erfahrungen in meine Familie mit einbringen zu können. Denn wenn schon ein Einzelner im System nicht so weitermacht wie bisher, dann tut sich etwas. Die Anderen müssen dann in ganz kleinen Schritten mitgehen. Und so verändert sich etwas."

„Ich hatte nicht die Sicherheit, bei Männern Grenzen zu setzen."

Ninas Vater ist mittlerweile 78 Jahre alt. Nun beginnt er, sich mit seinen Kindheitserlebnissen zu beschäftigen. Er schreibt Erinnerungen an seine Kindheit auf einem Bauernhof in Ostpreußen nieder, erzählt vom Schlittschuhlaufen auf dem Weiher hinter dem Haus, vom allabendlichen Beisammensein vor dem Kachelofen, von den Arbeiten, die auf dem Hof verrichtet werden mussten. Er erinnert sich an die Zeit, als die Welt noch heil schien – die Zeit, bevor das Grauen über seine Familie hereinbrach. „Er holt sich ein Stück seiner Vergangenheit wieder", glaubt seine 1962 geborene Tochter. Dass ihr Vater sich allerdings auch dem Trauma der Flucht noch einmal in ähnlicher Weise nähern wird, das bezweifelt Nina. „Jetzt, wo er anfängt, sich mit der Vergangenheit zu beschäftigen, frage ich ihn manchmal danach", erzählt sie. „Aber dabei muss man sehr vorsichtig vorgehen. Mir ist bewusst, dass vieles in ihm anschließend weiterarbeitet; das führt unter Umständen in den kommenden Tagen zu ‚Nachbeben'. Und wenn er diese dann alleine mit sich ausmachen muss ... dann ist mir nicht wohl. Ich überlege mir lieber drei Mal, welchen Stein ich in den Teich werfe, weil ich weiß, welche Kreise das zieht."

Im Winter 1944 floh der 14-jährige Vater mit seiner Mutter und den fünf Geschwistern von Ostpreußen übers Frische Haff in Richtung Danziger Hafen. Angesichts der vielen Gefahren auf dieser beschwerlichen Reise – die extreme Kälte, die Bombardierungen aus der Luft, die vorrückenden sowjetischen Armeen – beschloss die Großmutter, dass die Familie tagsüber nicht gemeinsam unterwegs sein solle: In Zweiertrupps mussten die Kinder zwischen sechs und 16 Jahren zu Fuß ihren Weg über die Dörfer finden, erst abends trafen sich Mutter und Kinder dann auf dem Marktplatz eines Dorfes wieder. „Meine Großmutter dachte anscheinend, dass die Chancen so größer wären, dass sie alle durchkämen", erklärt Nina. Sie selbst kann diese Haltung allerdings nicht nachvollziehen: „In den kleinen Gruppen waren die Kinder umso schutzloser. Eine meiner Tanten, die 16-Jährige, ist dabei vergewaltigt worden. Es wird erzählt, dass sie abends zu meiner Großmutter gegangen sei und ihr davon berichtet habe. Da sagte die Großmutter anscheinend, sie solle sich nicht so anstellen, so etwas würde im Krieg eben passieren." Auch der 14-jährige Vater sei während der Flucht missbraucht worden. Was konkret passierte, darüber habe er allerdings nie gesprochen: „Er hat öfters angedeutet, dass es auch Übergriffe auf Jungen gab, dass auch er eine schlimme Erfahrung gemacht habe. Ich habe allerdings nie nachgebohrt, weil ich merkte, dass es für ihn sehr unangenehm ist, darüber zu sprechen."

Überhaupt habe der Vater nur wenige Erinnerungen an die Flucht. Im Januar 1945 quartierte sich die Familie im Danziger Hafen auf ein Schiff nach Dänemark ein, das aber während der Fahrt über die eisige Ostsee von britischen Fliegern bombardiert wurde und eine Woche auf See lag, bevor es repariert werden konnte. Der Vater kann noch heute nicht sagen, was er in dieser äußerst belastenden Situation empfunden habe, wie es ihm gegangen sei – vermutlich waren die Erlebnisse so traumatisch, dass er sie nur bewältigen konnte, indem er von vornherein jegliche Emotionen abspaltete. „Ich habe ihn zum Beispiel einmal gefragt, was seine Geschwister und er die ganze Woche in der Eiseskälte auf diesem Schiff gemacht haben", berichtet Nina. „Die Situation war ja sehr bedrohlich und sicherlich hatten sie alle Angst. ‚Na, wir sind da eben so rumgelaufen', hat er nur gesagt." Endlich sicher in Dänemark gelandet, wurde die Familie wie viele andere deutsche Flüchtlinge in Dänemark nach Kriegsende in ein Internierungslager eingesperrt. Auch dort habe der Vater schlimme Sachen mit ansehen müssen, Erschießungen zum Beispiel. Doch auch darüber spreche er kaum. „Es ist schwer zu beschreiben, wie es während dieser Zeit in ihm ausgesehen haben mag", findet

Nina. „Diese Empfindungen sind tief in ihm vergraben, er kann sie nicht artikulieren."

Nach diversen Umwegen landete die Familie schließlich im Ruhrgebiet, wo sich der Vater im Bergbau verdingte, um schnell Geld zu verdienen. Dort lernte er Ninas Mutter kennen, die 1933 in einem bayrischen Dorf geboren worden war und dort den Krieg als nicht ganz so bedrohlich erlebt hatte. Dennoch war auch ihr Leben belastet: Sie war schwanger aus einer vorigen unehelichen Beziehung. Die Eltern heirateten trotzdem und zogen nach Hagen, wo sie das erste Kind gemeinsam aufzogen und noch zwei weitere Kinder bekamen, Nina und ihren jüngeren Bruder.

Die Ehe der Eltern wurde zunehmend unglücklich. „Meine ganze Kindheit und Pubertät hindurch haben meine Eltern sich gestritten", erinnert sich Nina. „Weihnachten war ein Horrortrip, die Wochenenden schrecklich, die Ferien und Urlaube fürchterlich. Ob das nun der Tatsache geschuldet war, dass sie im Krieg aufgewachsen sind, weiß ich nicht. Ich denke, es lag auch daran, dass sie keine Ausbildungen hatten machen können und nur wenige Chancen hatten. Obwohl man dann wieder sagen muss: Doch, das hatte mit dem Krieg zu tun. Wenn mein Vater nicht hätte flüchten müssen, sondern die Schule hätte beenden können, hätte er andere Möglichkeiten gehabt, sich zu entwickeln. Wer weiß, was dann aus ihm geworden wäre."

Als Nina in die Pubertät kam und mit 16, 17 Jahren begann, abends auszugehen, veränderte sich die gute Beziehung zum Vater dramatisch und er fing an, seiner Tochter strenge Vorschriften zu machen: Er verbot ihr, Partys zu besuchen, hatte Angst, dass ihr etwas passieren könne. Es kam zu heftigen Auseinandersetzungen, bisweilen sogar zu Handgreiflichkeiten. „Er hat mir dauernd unterstellt, dass ich mich in Gefahr brächte mit meinem Verhalten, dass ich naiv wäre, dass ich nicht wüsste, welchen Situationen ich mich aussetze", erinnert sich Nina. „Damals habe ich das als Misstrauensvotum verstanden. Erst später habe ich dann begriffen, dass etwas ganz anderes dahintersteckt. Dass diese Ängste vielmehr mit seinen Erfahrungen auf der Flucht zu tun haben."

Als die einzige Tochter in die Pubertät kam, reaktivierte dies offenbar die eigenen Missbrauchserfahrungen des Vaters. Doch da er sich nicht an sie erinnerte, begann er zu agieren und projizierte seine unbearbeiteten Ängste auf die Tochter. Bei Nina wiederum führten diese Ängste zu großer Verunsicherung. Unbewusst identifizierte sie sich mit der erlebten Ohnmacht des Vaters und hatte große Probleme, sich Jungs oder Männern gegenüber abzugrenzen. „Es gab die eine oder andere Situation, gerade als Teenager, in der ich nicht die Sicherheit hatte, Nein zu sagen, obwohl ich es eigentlich gewollt hätte", berichtet sie. „Mein Vater hatte eine Opfer-Wahrnehmung in Bezug auf sich selbst ... und die hatte ich auch. Er hat ja nicht etwa zu mir gesagt: ‚Wenn du mit einem Jungen zusammen bist und ihr knutscht und du merkst plötzlich, dass du nicht weitermachen möchtest, dann sagst du einfach Nein. Das ist dein gutes Recht.' Sondern er sagte: ‚Dann bist du auf der Party und dann schnappen die Jungs dich und schmeißen dich auf die Couch und dann kannst du nichts mehr machen.' Dass man Würde hat und selbstständig entscheiden kann, was man möchte und was man nicht möchte – das konnte er mir nicht vermitteln."

Bis weit in ihre 20er fühlte sich Nina in Beziehungen zu Männern verunsichert und konnte nur schwer Grenzen setzen. Erst nach einer intensiven Phase der Selbstauseinandersetzung gelang es ihr, sich aus diesem Muster zu lösen. „Oft war ich auf der Suche nach Nähe und bekam stattdessen Sex, weil ich nicht in der Lage war, zu sagen: Das will ich nicht", erinnert sie sich. „Eigentlich habe ich das erst in meiner Psychoanalyse gelernt. Meine Therapeutin hat mir sehr geholfen. Sie sagte irgendwann zu mir: ‚Vermutlich hat es sich direkt auf Sie ausgewirkt, dass Ihr Vater und auch Ihre Tante im Krieg durch sexuelle Übergriffe traumatisiert wurden. Diese Ohnmachtserfahrungen wurden an Sie weitergegeben.' Mich davon zu lösen, ist ein hartes Stück Arbeit. Und dieser Lernprozess ist noch immer nicht ganz abgeschlossen."

In der Therapie fand Nina die Zeit und den Raum, Frieden mit ihren Eltern zu schließen. „Ich habe verstanden, warum sie so sind, wie sie sind, und habe es jetzt nicht mehr nötig, mich so mit ihnen abzukämpfen", meint sie. Nina hofft vor allem, dass die Therapie auch eine gute Wirkung auf die Beziehung zu ihrer 14-jährigen Tochter haben wird. Als alleinerziehende Mutter spürt sie eine besondere Verantwortung, darauf achten zu müssen, dass sich ihre Geschichte nicht bei ihrem Kind wiederholt. „Es fällt mir jetzt leichter, meine Tochter, unklar und unsicher, wie sie in ihrem Alter oft ist, ernst zu nehmen und zu respektieren", erzählt sie. „Vorher habe ich eher so reagiert wie mein Vater – sie angeschrien, wenn ich von ihr überfordert war. Das will ich nicht mehr. Ein anderes Ergebnis meiner Analyse ist, dass ich meine schwachen, empfindsamen Seiten nun besser wahrnehmen kann. Und mich heute eher nach Männern umsehe, die etwas fürsorglicher sind."

6. Ein schwieriges Erbe
Wenn die Last der Geschichte besonders schwer ist

Wohl kaum ein Schriftsteller beschrieb die Verzweiflung und Aussichtslosigkeit vieler junger Menschen im Deutschland der „Stunde Null" besser als Wolfgang Borchert. „Wir sind die Generation ohne Glück, ohne Heimat und ohne Abschied", beobachtete der 1921 geborene Borchert. „Wir sind die Generation ohne Grenze, ohne Hemmung und Behütung – ausgestoßen aus dem Laufgitter des Kindseins in eine Welt, die die uns bereiten, die uns darum verachten." Er starb bereits 1947, lange bevor die Zeiten in Deutschland wieder besser werden konnten.

Ohne Bindung und Behütung, ohne Heimat und Abschied – so wuchsen auch viele Kriegskinder auf. Nicht allen von ihnen gelang es, ihre schrecklichen Kriegs- und Nachkriegserlebnisse adäquat zu verarbeiten. Sie gaben die Folgen an ihre Kinder weiter und bezogen sie so in die Verarbeitung des Erlebten mit ein. Und dennoch habe ich in den letzten Kapiteln zahlreiche Familiengeschichten erzählt, die deutlich machten, dass es für die Kinder trotzdem möglich war, durch eine Beschäftigung mit der Familiengeschichte die eigenen Belastungen zu überwinden.

Doch ich habe auch Menschen getroffen, für die das schwieriger war. Kinder von Kriegskindern, deren Eltern so gravierende emotionale Störungen aufwiesen, dass es für sie ein langer Weg war, überhaupt zu einem Gefühl der eigenen Identität zu finden. Die nur schwer zwischen der Geschichte der Eltern und der eigenen Geschichte unterscheiden konnten und über viele Jahrzehnte massiv in ihrer Lebensgestaltung beeinträchtigt waren. „Wenn das Trauma der Eltern unerkannt, unbenannt und unbesprochen bleibt, kann es von den Kindern nicht ‚geortet', verbalisiert und symbolisiert werden", schreibt die Psychotherapeutin Dagmar

Soerensen-Cassier. „In der Folge können die Kinder dieser traumatisierten Eltern dann keine klare Abgrenzung zur Elterngeneration finden und bleiben unaufgelöst über das ‚Verschwiegene' mit ihnen verbunden." (Soerensen-Cassier: *Transgenerationelle Prozesse von NS-Traumatisierungen*)

Den Geschichten dieser Menschen möchte ich mich in diesem Kapitel widmen. Auf den kommenden Seiten erzähle ich von drei Gesprächspartnern, deren Leben auf verschiedene Weise geprägt ist von der Suche nach Abgrenzung zur Geschichte der Eltern. Sich aus den emotionalen Verstrickungen zu lösen und das eigene „Ich" zu entdecken, kostete sie viel Kraft und Zeit. Anhand ihrer Biographien möchte ich verdeutlichen, wie schwer das Erbe des Krieges für die nächste Generation sein kann.

„Diese schrecklichen Erfahrungen müssen irgendwo hin."

Bereits am Telefon erklärt Anja mir, dass es ihr manchmal nicht gelänge, die eigenen Erinnerungen von den Erlebnissen ihrer Eltern zu trennen. Vor allem die Kriegserinnerungen ihres Vaters seien ihr so vertraut, als hätte sie den Krieg selbst erlebt. Als wir uns wenige Tage später treffen, ist sie aber unsicher, ob das alles wirklich in Worte zu fassen sei. „Ich bin mir nicht sicher, ob ich das kommunizieren kann", meint sie, „und ob ich mich dabei auch ernst nehmen kann. Ich neige dazu, mir zu sagen: Stell Dich nicht so an, das war doch alles nicht so schlimm."

Anja ist 1960 geboren, 15 Jahre nach Kriegsende. „Das ist nicht viel, 15 Jahre", gibt sie zu bedenken. „Als ich geboren wurde, war der Krieg wirklich noch sehr präsent. Ich bin mit lauter Kriegsgeschichten groß geworden, von der Flucht und der Bombardierung Hamburgs. Hinzu kommt, dass ich in einer dieser Flüchtlingssiedlungen aus Hunderten kleiner Häuschen, die durch Ausgleichszahlungen finanziert wurden, aufgewachsen bin. Dort wohnten nur Flüchtlinge wie meine Eltern, ich bin mit deren Kindern zur Schule gegangen. Als Kind habe ich die Kriegsluft also quasi noch eingeatmet."

Ihre Lebensprobleme – Essstörungen, Alkoholismus, Depressionen – brachte Anja jedoch lange ausschließlich mit den individuellen Belastungen ihrer Familiengeschichte in Verbindung. Erst in den letzten Jahren schlug sie einen Bogen zur Kriegsvergangenheit ihrer Eltern. Eine Begebenheit auf einer Party im Januar 1991 diente als Schlüsselerlebnis. Anja feierte mit Freunden Geburtstag, als ein Bekannter anrief und sie bat, den Fernseher einzuschalten: Bilder von Kampfflugzeugen flackerten über den Bildschirm, der Beginn der Operation „Desert Storm" des Zweiten Golfkriegs. „In diesem Moment fing ich furchtbar an zu weinen. Das kam irgendwie aus dem Dunkeln", erzählt sie. „Obwohl ich ja nicht wirklich persönlich davon bedroht war, hatte ich den Eindruck: Nun passiert das, wovor du dich immer gefürchtet hast. Diese Angst vor einem Krieg war in meinem Unbewussten offensichtlich so präsent, dass ein Fernsehfilm ausreichte, um sie zum Ausbruch zu bringen."

Anja wurde bald klar, dass die Kriegskindheit nicht nur ihre Eltern – 1934 und 1939 geboren – sondern auch viele andere in dieser Generation prägte. Fast alle ihre Freunde hatten Eltern, die auf irgendeine Weise noch an kindlichen Kriegserlebnissen zu tragen hatten.

Inzwischen glaubt Anja aber, dass die Kriegskindheit für ihre Eltern besonders weitreichende Folgen hatte. „Mit dem Horror seiner Kindheit konnte mein Vater nicht das aus seinem Leben machen, was er sich erhofft hätte", sagt sie. „Wenn ich mir überlege, was er als Kind alles durchgemacht hat, empfinde ich es manchmal als ein Wunder, dass er noch lebt." Und auch auf Anjas eigene Biographie färbten die Erfahrungen der Eltern ab.

Anjas Mutter, 1939 geboren, ist ein Flüchtlingskind aus dem Osten. Sie stammt aus einem deutschen Dorf in Rumänien. Nach dem Hitler-Stalin-Pakt von 1939 wurden die Großeltern wie alle anderen Deutschstämmigen aufgefordert, innerhalb weniger Monate „heim ins Reich" zu kehren. Die Jahre 1940 bis 1942 verbrachte die Familie in einem Auffanglager: Eine schwierige Zeit für alle Beteiligten, musste der Verlust von Heimat und Besitz doch erst einmal verkraftet werden. Ende 1942 wurde die Familie ins okkupierte Polen umgesiedelt, um dort einen Bauernhof im „Reichsgebiet" zu bewirtschaften. Nun war es Anjas Familie, die einen fremden Hof übernahm, dessen polnische Besitzer von deutschen Soldaten vertrieben oder gar ermordet worden waren. Als der Großvater wenige Monate vor Kriegsende an die Front ziehen musste, blieb die Großmutter mit den kleinen Kindern zurück. „Sie war offenbar völlig überfordert, gebrochen vom Verlust ihrer Heimat", erzählt Anja. Als die sowjetischen Truppen nahten, hatte die Großmutter jedoch Glück im Unglück: Verwandte nahmen sie und ihre Kinder mit. Während der Flucht hielt die Familie eisern zusammen. Möglicherweise spielte dabei auch eine Rolle, dass die Familie einer evangelischen Freikirche, der Gemeinde der „Siebenten-Tags-Adventisten" angehörte, deren Weltanschauung Anja kritisch als „fundamentalistisch-sektiererisch" beschreibt.

Als der Krieg endete und die Großfamilie sich endlich in einer Flüchtlingssiedlung in Norddeutschland niederlassen konnte, war Anjas Mutter erst sechs Jahre alt. Bis heute kann sie sich kaum an diese frühen Kindheitsjahre erinnern. „Aber die Nachkriegsgeschichten, die Hungersnot, die Ablehnung als Flüchtlingskind, die erinnert sie wohl", erzählt Anja.

Irgendwann kehrte auch der Großvater aus britischer Kriegsgefangenschaft zurück: Ein ziemlich grober Mann, dessen Rückkehr für die kleine Tochter offenbar ein Schock war. Anja kann sich gut vorstellen, wie ihre Mutter den Großvater erlebte, denn auch bei ihr selbst hinterließ seine Präsenz deutliche Spuren: „Ich bin groß geworden mit diesem Berserker als Großvater und dieser hochsensiblen Großmutter, die beide keine Chance in ihrem Leben hatten", erläutert sie. „Das alles vor dem Hintergrund dieser fatalen Mischung aus Kriegsgeschichten und religiösen Weltuntergangsphantasien. Für meine Familie war die Welt ja tatsächlich fast untergegangen: Sie hatten also gute Argumente. So war es auch für mich als Kind kaum möglich, überhaupt Vertrauen aufzubauen."

Auch die väterliche Seite der Familie vermittelte Anja als Kind keine Sicherheit.

Anjas Vater, 1934 in Berlin geboren, wuchs wie die Mutter in einer Adventistenfamilie auf. Sein eigener Vater hatte in den späten 1930ern seinen sicheren Job beim Zollamt gekündigt und war zu den Adventisten konvertiert. Er ließ sich als Prediger ausbilden und widmete sich fortan einer Adventistengemeinde in Berlin.

„Ich habe mir natürlich Gedanken darüber gemacht, warum mein Großvater konvertierte", meint Anja. „Ich habe diesbezüglich nur Vermutungen, fragen kann ich ihn nicht, denn er starb, als ich sechs war. Aber ich vermute, dass er ein starkes Alkoholproblem hatte und bei den Adventisten eine Art Bekehrungserlebnis erfuhr. Alkohol ist bei den Adventisten streng verboten. Und Alkohol ist das große Thema meiner Familie."

Für Anjas Vater, den Jüngsten von vier Söhnen, sei der Großvater kaum präsent gewesen, erzählt Anja. Zumal sich in den letzten Kriegsjahren herausstellte, dass er unter einem schweren Herzfehler litt und immer wieder lange Zeit im Bett verbringen musste. Die Familie war also doppelt belastet: durch die Krankheit des Vaters und die wiederholten Bombardierungen Berlins. „Mein Vater sagte immer, dass er als Kind stets damit gerechnet habe, dass sein eigener Vater bald stirbt", berichtet Anja. „Er hat mir immer wieder diese Geschichten erzählt … dass mein Großvater beim Bombenangriff im Bett lag und nicht aufstehen konnte, um in den Luftschutzkeller zu gehen. Und meine Großmutter sich weigerte, meinen Vater in den Bunker zu begleiten, weil sie ihren Mann nicht allein lassen wollte. Sie hat meinen Vater dann ohne Begleitung weggeschickt. Dieses Bild, wie mein Vater im Bunker sitzt und nicht weiß, ob seine Eltern noch am Leben sind … das geht mir nicht aus dem Kopf. Das ist eine fürchterliche Geschichte, die mich noch immer sehr betroffen macht."

Anja erinnert sich an zahllose Kriegsgeschichten, die der Vater ihr immer wieder erzählte: Wie er als Kind in den Bombenhagel geriet, an eine Bunkertür klopfte und von fremden Leuten mit den Worten „Was macht ein so kleines Kind wie du allein hier draußen?" hineingerissen wurde. Wie er auf dem Heimweg vom Schrebergarten bei Bombenalarm durch menschenleere Straßen irrte und nicht wusste, wo er sich verstecken sollte. Wie er inmitten rauchender Ruinen spielte. „Als Kind gingen mir diese Geschichten sehr nahe", erzählt Anja. „Wann ich sie zum ersten Mal gehört habe, kann ich heute gar nicht mehr sagen –

sie waren immer da. Man kam gar nicht um sie herum. Wenn wir mit dem Auto durch Berlin fuhren, tauchten die Erinnerungen meines Vaters an jeder Straßenecke auf: Hier stand das Haus, in dem wir ausgebombt wurden, dort wohnten wir bei Gemeindemitgliedern zur Untermiete, hier haben sie uns das aus den Flammen gerettete Klavier geklaut, dort habe ich mich bei Bombenalarm verlaufen. In den 1960er Jahren war das alles noch so präsent, da gab es jede Menge Häuserlücken und Schutthaufen."

Mit dem Kriegsende war die schwierige Zeit für Anjas Vater aber noch lange nicht vorbei. Es passierte, womit niemand gerechnet hatte: Nicht der Großvater, sondern die Großmutter starb kurz nach Kriegsende, im Juni 1945, an einer Lungenentzündung, die aufgrund fehlender Medikamente nicht behandelt werden konnte. Nur ein Jahr später heiratete der Großvater eine deutlich jüngere Frau, die noch ein weiteres Kind mit in die Ehe brachte. Für ihren Vater sei diese Zeit sehr belastend gewesen, erklärt Anja: Der 12-Jährige war im Nachkriegs-Berlin auf sich selbst gestellt, seine drei älteren Brüder hatten das Elternhaus bereits verlassen. „Mein Onkel, sein drittältester Bruder, hat dann wohl eine Art Vaterrolle für ihn eingenommen", ergänzt sie. „Auch er hat mir viele Geschichten erzählt: Wie mein Vater barfuß durch das zerbombte Berlin lief, um ihn zu besuchen. Ohne Schuhe, denn er hatte keine mehr und es hat sich auch niemand darum gekümmert. Die vier Söhne haben ihrem Vater nie verziehen, dass er direkt nach dem Tod der Mutter wieder ein neues Eheleben führte und sich nicht um sie kümmerte. Und ich mache meinem Vater heute im Prinzip dieselben Vorwürfe: Dass er sich nicht um mich gekümmert hat, dass er nicht präsent war."

Bei Anjas Vater liegen die Erfahrungen des Krieges bis heute unbewältigt brach. Immer wieder erzähle er dieselben Geschichten aus Kriegszeiten, ohne dabei irgendeine Gefühlsreaktion zu zeigen, erzählt Anja. Dies ist kein ungewöhnliches Verhalten für traumatisierte Menschen: Obwohl das Trauma durch unablässiges Erzählen immer wieder beschworen wird, ist dies für die Betroffenen doch ein Versuch, sich von dem Erlebten zu distanzieren und das dabei empfundene Leid abzuspalten. So kann bisweilen sogar der Eindruck entstehen, dass die vergangenen traumatischen Erfahrungen einer anderen Person widerfahren sind.

Auch Anja macht auf mich diesen Eindruck: Wenn sie von den Kriegserinnerungen ihres Vaters erzählt, ist nur wenig Distanz zu verspüren, alles ist noch sehr nah, beinahe so, als ob sie es gerade selbst erlebt hätte. Obwohl sie doch aus zweiter Hand sind, gibt sie die Geschichten wieder wie einen zu oft gesehenen Film – was auch darauf schließen lässt, dass Anja früh mit diesen Erinnerungen konfrontiert wurde, in einem Alter, in dem sie noch nicht in der Lage war, sie zu verstehen – geschweige denn zu verarbeiten. Fast scheint es, als hätte Anja die Ohnmacht, Angst und Trauer des Vaters übernommen. Auch dies ist im Zuge einer Traumatisierung nicht ungewöhnlich: Kinder traumatisierter Menschen kommen den belasteten Eltern oft weit entgegen, um ihr Leid zu verstehen oder sie zu „retten". Nicht selten werden die Kinder dann selbst zu Trägern der abgewehrten elterlichen Affekte. Dass dies zu Lasten einer gesunden emotionalen Entwicklung geht und die Kinder nur noch stärker an die traumatisierten Eltern bindet, liegt auf der Hand. Auch Anja blieb verbunden mit dem Trauma ihres Vaters – für ihre eigenen kindlichen Bedürfnisse blieb kaum Platz.

Anja beschreibt ihre Eltern als haltlose Menschen, deren Ehe von Anfang an auf wackligen Beinen stand. Zwar waren beide sehr motiviert in ihrem Wunsch, ein Leben zu führen, das besser werden sollte als das ihrer Eltern – und doch scheiterten sie relativ schnell. Anjas Vater wanderte Mitte der 1950er Jahre in die USA aus. „Er wollte weg aus Deutschland, wo ihm die Bomben um die Ohren geflogen waren", meint Anja. „Vielleicht wollte er auch endlich zu den Siegern gehören. Auf Besuch in Deutschland fuhr er stets mit einem gemieteten Auto vor und hatte jede Menge Dollar in der Tasche. Damit hat er sicher viel kompensiert: Seine kindlichen Erfahrungen von Ohnmacht, Mangel und Armut."

Auf einem dieser Besuche lernte er über die Adventistengemeinde Anjas Mutter kennen, damals 19 Jahre alt. Sie wurde schnell schwanger und folgte ihm kurz nach Anjas Geburt in die USA. Für eine gewisse Zeit sah die Zukunft für die beiden Kriegskinder rosig aus: Ein Leben in Wohlstand schien endlich erreichbar, aus Besiegten sollten Sieger, aus Verlierern Gewinner werden. Doch schon bald ging es bergab mit der Beziehung: Nach zwei Jahren USA hatte die Mutter genug und ging mit der kleinen Anja zurück nach Deutschland. Der Vater folgte wenig später und die Familie ließ sich in der Flüchtlingssiedlung in Norddeutschland nieder, in der Anjas Mutter aufgewachsen war. „Von da an haben sie sich nur noch gestritten", erzählt Anja. „Mein Vater warf meiner Mutter ständig vor, sie sei dafür verantwortlich, dass er aus den USA zurückgekommen und dann in dieser Flüchtlingssiedlung gelandet sei. Schließlich fing mein Vater an zu trinken, bemühte sich in dieser Zeit jedoch noch, seine Sucht zu verstecken, schon wegen der Nähe zu den Großeltern mütterlicherseits."

Das Leben in den USA hatte den Vater ganz offensichtlich zunächst stabilisiert. Doch durch den Wegfall seiner Identität als erfolgreicher Emigrant und den Umzug in eine Flüchtlingssiedlung fanden die belastenden Kindheitserinnerungen und Ohnmachtsgefühle vermutlich wieder ihren Weg an die Oberfläche. Der Alkohol gab Halt: Die Flasche wurde zum Ersatzobjekt, zum verlässlichen Partner, der ihm die Beruhigung gab, die ihm im kriegserschütterten Deutschland so gefehlt hatte.

Als Kind fühlte Anja sich zwar „körperlich versorgt, aber emotional verlassen". Die Eltern waren nicht in der Lage, angemessen auf die Gefühle ihres Kindes einzugehen. Zuwendung erhielt sie nur, wenn sie krank wurde oder Probleme machte.

Auch das Leben in der Flüchtlingssiedlung empfand Anja als einengend. Mit elf Jahren war diese Zeit für sie jedoch beendet, denn ihre Eltern bauten sich ein Haus auf dem Land. „Ich erlebte es als unglaublich befreiend, endlich aus dieser bedrückenden Enge rauszukommen, weg von den anderen Flüchtlingen, weg von der Familie meiner Mutter mit ihren tausend Kriegsgeschichten", erzählt sie. „Aber gleichzeitig hatte ich auch starke Schuldgefühle ... die Freude und Lust am Leben, die da in mir erwachte, hielt ich für schlecht."

Die Unabhängigkeit und das Eigenheim auf dem Land trugen nicht dazu bei, dass Anjas Eltern sich stabilisierten, ganz im Gegenteil: Fernab der Flüchtlingssiedlung versagte die soziale Kontrolle durch die Adventistengemeinde und Anjas Vater verlor sich zunehmend im Alkohol. Ihre Rolle als Tochter sah Anja nun vor allem darin, ihre Eltern zu unterstützen. Gebraucht zu werden war Anjas Weg, damit die Eltern sie überhaupt wahrnahmen: „Solange man in dieser Helfer-Geschichte steckt, hat man noch die Hoffnung, dass etwas zurückkommen könnte", meint Anja. „Doch irgendwann wird einem klar: Nein, es kommt nichts mehr." Sie entwickelte Bulimie, richtete ihre Aggressionen gegen den eigenen Körper statt gegen die als unzulänglich erlebten Eltern. Halt suchte sie in der Jugendbewegung der Adventisten, obwohl ihre Eltern selbst in der Kirche gar nicht besonders engagiert waren. „Obwohl es eine schwere Notlösung war, hat mich die Anbindung an die Adventisten wahrscheinlich gerettet", glaubt Anja. „Das war eine Notwendigkeit für mich, sonst hätte ich das sicher nicht überstanden."

Nach dem Abitur ging sie für ein Jahr als Au-Pair in die USA, vermittelt durch die Adventistengemeinde. Sie wollte vor allem weg von ihrem Vater, dessen Alkoholsucht schrecklich mitzuerleben war. „Natürlich lehnte ich meinen Vater nur vordergründig ab, weil ich mich von ihm so im Stich gelassen fühlte", reflektiert Anja heute. „Darunter lag eine tiefe Liebe, mit der ich heute noch nicht umgehen kann und die mich wiederum dazu trieb, in den USA auf seinen Spuren zu wandeln. Dort machte ich dann die schier unglaubliche Erfahrung, dass ich 20 Dollar von jemandem bekam, der sich 20 Jahre zuvor diese Summe von meinem Vater geliehen hatte."

Als Anja zurück nach Deutschland kam, wurde ihr unerwartet ein Platz an einer renommierten Kunsthochschule in Berlin angeboten. Zu etwa demselben Zeitpunkt lernte ihre Mutter einen anderen Mann kennen, trennte sich von Anjas Vater und verließ die Stadt. Der Vater beschloss nun, sich seiner Alkoholsucht zu stellen: Er fuhr zur Kur und hörte auf zu trinken. Plötzlich gab es niemandem mehr, dem Anja helfen konnte: Auf sich selbst zurückgeworfen, verspürte sie ihre eigene Bedürftigkeit plötzlich überdeutlich. „Meine Essstörung erledigte sich und ich fing stattdessen an zu trinken", erzählt Anja. „Aber was mich im Grunde quälte, das waren Depressionen." Mit 29 Jahren machte auch sie einen Entzug und begann mit Hilfe einer Psychotherapie zum ersten Mal, sich mit der eigenen Geschichte auseinanderzusetzen. Den Kontakt zum Vater brach sie ab. „Ich hatte so viel Wut, so viele verletzte Gefühle und immer noch so viele Erwartungen an ihn, dass ich es nicht aushielt, ihn zu sehen", sagt Anja. „Da war immer diese Hoffnung, dass ich irgendwann noch einmal etwas von ihm kriegen würde. Erst seit ein paar Jahren habe ich nun verstanden, dass bei ihm nichts zu holen ist. Er hat nichts zu geben. Woher auch: Aufgrund seiner Familienkonstellation und der Kriegszeiten hat er ja selbst nichts bekommen. Seit ich das verstanden habe, kann ich etwas besser mit ihm umgehen."

Heute lebt Anja allein in Berlin und arbeitet als freie Künstlerin – mal mehr, mal weniger erfolgreich. Partnerschaften findet sie schwierig, berufliche Chancen kann sie trotz ihres offensichtlichen Talents manchmal nicht wahrnehmen. „Ich kann mir nur schwer etwas nehmen", sagt Anja. „Ich kann mich nicht binden und nicht zugreifen und nichts halten. Obwohl ich in meinem

Leben viele Möglichkeiten hatte, konnte ich sie oft nicht nutzen." Anja glaubt heute, dass diese Unfähigkeit durch eine noch immer währende Solidarität mit der Geschichte ihres Vaters zu erklären ist, dessen Kindheitserfahrungen im Kriegs- und Nachkriegsdeutschland es ihm kaum ermöglichten, ein stabiles Leben zu führen. Heute lebt er am Existenzminimum, in einer Kleinstadt am Rande Berlins, allein, denn seit der Trennung von der Mutter hat er sich nie wieder gebunden. Anja ist, auf den ersten Blick, gleichermaßen „bedürfnislos" geblieben: „Gehemmt von Schuldgefühlen" schützt sie sich vor weiteren enttäuschenden Beziehungserfahrungen. Sie ist immer wieder in Therapie. „Ich muss noch immer darauf achten, wie viel ich von meinen Eltern aushalten kann", meint sie, „denn meine alte Bedürftigkeit, mein Wunsch nach Zuneigung kommt natürlich immer wieder in mir hoch." Mit dem Leiden, den Verlusterfahrungen und dem Trauma ihrer Eltern bleibt sie untrennbar verbunden.

Anja hofft, dass sie irgendwann in der Lage sein wird, ihre Potenziale besser zu entfalten als bisher. Ihre Chance zur Gesundung sieht Anja darin, die Liebe zu ihren Eltern endlich anzunehmen. Sie wünscht sich, trotz aller Enttäuschungen nicht mehr in der Erwartung verharren zu müssen, noch etwas von ihnen zu bekommen – sondern auch ihre guten Seiten und die Zuneigung zu ihnen zulassen zu können. Vielleicht, reflektiert Anja, könne sie sich dann auch mehr Lebensfreude erlauben, anstatt zu leiden, nur weil es den Eltern schlecht geht. Trost findet sie in dem Gedanken, dass sie auf diesem Weg bereits viel Unterstützung erfahren durfte: „Ich habe durch Therapie, Medizin, Selbsthilfe, Bildung, Kunst und Religion unendlich viele Chancen erhalten, etwas für mich zu tun", meint sie. „Das sind Chancen, die meine Großeltern und Eltern in den Kriegs- und Nachkriegsjahren nie hatten. Und dafür bin ich unendlich dankbar."

„Meine Eltern konnten stark sein, weil ich für sie schwach war."

Gerhard ist 1962 geboren und studierter Physiker. Seine Eltern gehören zur Generation der „älteren" Kriegskinder: Der Vater ist 1931 in Nordhessen geboren, die Mutter 1936 in Schlesien. Beide Eltern sind, so erklärt Gerhard, weniger von konkreten Flucht- und Kriegserlebnissen geprägt als von Trennungs- und Beziehungsverlusterfahrungen in den Kriegsjahren. Noch heute könnten Mutter und Vater dies aber schlecht wahrnehmen: Ihre Angst und Trauer wehrten sie noch immer ab. Gerhard glaubt, dass innerhalb der Familie ihm, dem Sohn, die Aufgabe zufiel, diese verdrängten Emotionen der Eltern zu übernehmen.

Im Gespräch erzählt Gerhard, dass er beim Gedanken an seine Kinder- und Jugendjahre vor allem ein „undurchdringliches Gefühlschaos" erinnert. Er sei ein ängstliches Kind gewesen: Als kleiner Junge quälten ihn diffuse Schuldgefühle, nachts schreckte er häufig aus Alpträumen auf. Doch was genau ihn so ängstigte, das konnte er nicht sagen. Auch seine Eltern seien hilflos gewesen und hätten die Ängste ihres Sohnes als etwas „Fremdes, Unverständliches" betrachtet. Sie beschlossen, dass mit ihm „etwas nicht stimme" und gaben Gerhard im Alter von fünf Jahren in psychologische Behandlung. Doch die Therapie war kein Erfolg und Gerhards Ängste blieben.

„Meine ganze Kindheit hindurch wurde ich von meinen Eltern pathologisiert", erzählt er. „Das lief ganz nach dem Motto: Mit unserem Sohn ist was nicht in Ordnung." Die Eltern konnten offenbar nicht nachempfinden, was Gerhard derart bewegte, und so blieb er mit seinen Nöten allein – und schleppte seine diffusen Hemmungen und Angstzustände bis ins Erwachsenenalter weiter. Unbewusst begann er sogar, die Überzeugung seiner Eltern zu teilen. „Irgendwann sagte ich mir: ‚Ich bin auffällig und für meine Umwelt eigentlich nur halbwegs erträglich, weil meine Eltern so viel in mich investiert haben'", erklärt Gerhard. „Bis vor einigen Jahren schrieb ich vor allem meiner Mutter noch diese Autorität zu: Dass sie gesund und ich krank sei."

Erst eine langjährige Psychotherapie half Gerhard, das Gefühlschaos seiner Kindheit zu entwirren und zu verstehen, dass viele seiner Ängste tatsächlich „fremd" waren. Mithilfe seines Therapeuten begab er sich auf eine Spurensuche in die Geschichte seiner Familie. Gemeinsam wollten sie verstehen lernen, welche verborgenen Konflikte der Eltern noch derart lebendig waren, dass sie in seine Kindheit und Erziehung hineingewirkt hatten.

„Im Laufe einer Therapie entdeckt man ja oft, dass hinter Gefühlen wie Angst oder Wut ganz andere Dinge liegen, gestörte Beziehungsmuster oder weitergegebene Lebensprobleme", erklärt Gerhard. „Und irgendwann bin ich darauf gekommen, dass meine Eltern so sind, wie sie sind, weil sie in den Kriegsjahren aufwuchsen. Und dass auch ich noch an diesen Erfahrungen trage."

Gerhard glaubt, dass er bereits als Kind die Gefühle übernahm, mit denen seine Eltern nicht umgehen konnten. Sie hatten in den schwierigen Kriegsjahren nicht gelernt, ihre frühen Verlust- und Mangelerfahrungen zu spüren und diese so unbewusst an den Sohn weitergegeben. Gerhards Eltern konnten stark sein, weil ihr Sohn für sie schwach war.

Gerhards Mutter wurde 1936 in Grünberg in Schlesien geboren, heute Zielona Góra in Polen. Den ersten Schicksalsschlag erfuhr sie bei ihrer Geburt: Infolge einer Infektion nach dem Kaiserschnitt starb Gerhards Großmutter fünf Tage nach der Niederkunft. Obwohl der Geburtsname des kleinen Mädchens Annemarie lautete, wurde sie fünf Tage später in Lisa umbenannt, nach ihrer verstorbenen Mutter. „Da hat sie aus meiner Sicht schon die erste Hypothek mitbekommen", erklärt Gerhard. Die Mutter und ihr älterer Bruder wurden fortan von der Urgroßmutter versorgt, bis der Großvater 1941 seine zweite Frau Clara heiratete. Rasch wurden zwei weitere Kinder geboren und die fünfjährige Lisa fand sich in einer neuen Familienkonstellation wieder. Die neue Stiefmutter kümmerte sich wohl um die körperlichen Bedürfnisse der Stiefkinder; ein wirklicher Ersatz für die leibliche Mutter wurde sie aber nie.

Der frühe Verlust der Mutter wie auch die neue „Patchworksituation" waren für das Kind sicherlich sehr belastend. Es ist davon auszugehen, dass die emotionalen Bedürfnisse des Mädchens in den Kriegsjahren nur unzureichend aufgefangen werden konnten. Finanzielle Not und Sorgen plagten die Familie in dieser Zeit. Der Vater wurde eingezogen und geriet Ende 1944 in russische Kriegsgefangenschaft. Die Familie sollte ihn fünf Jahre lang nicht sehen.

In dieser schwierigen Situation begab sich die neunjährige Lisa im Januar 1945 mit der Stiefmutter Clara und den drei Geschwistern auf die Flucht. Sie schafften es bis nach Lauscha im Thüringer Wald, wo die Familie bei Verwandten unterkam und unter materiell harten Bedingungen bis 1950 wohnen blieb. Für Lisa war das Leben in dieser Zeit sicher nicht einfach, ohne leibliche Eltern, ohne wirkliche Bezugspersonen. Vor allem aber durfte nicht geklagt werden: Der Großvater schickte aus der Gefangenschaft regelmäßig Briefe an die Familie, die Durchhalte-Appellen glichen. Für seine Tochter Lisa hatte er stets dieselbe Botschaft: „Auch du musst immer fröhlich sein und der Clara zur Hand gehen."

Gerhard glaubt, dass diese Briefe seine Mutter stark prägten. „Einerseits machten sie Mut, aber andererseits verhinderten sie natürlich auch, dass meine Mutter spürte, was sie entbehrte", erklärt Gerhard. „Und das wäre für die seelische Gesundheit der Familie sicherlich wichtig gewesen: Spüren zu dürfen, was man sich wünscht und braucht, nämlich liebevolle Zuwendung, genug zu essen, warme Kleidung, ein warmes Zuhause und dass der

Vater gesund aus der Gefangenschaft zurückkehren möge." In seinen Durchhalte-Briefen aus der harten Gefangenschaft vermittelte der Vater seiner Tochter, dass es für sie weder eine Berechtigung noch einen Grund gäbe, sich schlecht zu fühlen. Gerhard vermutet, dass seiner Mutter gar nichts anderes übrig blieb, als sich mit dem tapferen Vater zu identifizieren und die väterliche Botschaft „Du darfst nicht traurig sein" zu verinnerlichen. „So lernte sie langsam, ihre Bedürfnisse gar nicht erst wahrzunehmen – schließlich ließen die äußeren Umstände deren Befriedigung ohnehin nicht zu", vermutet Gerhard. „Das ist, denke ich, das klassische Verdrängungsmuster, das meine Eltern als Lebensstrategie verinnerlicht haben – und mit ihnen viele ihrer Generation."

Gerhard beschreibt, dass in der Welt seiner Mutter noch heute kaum Platz für Gefühle wie Angst, Wut oder Trauer ist. Ihre Einstellung zum Leben sei vorwiegend rational und vernunftbetont. Emotionen würden von ihr überwiegend als „störend" empfunden. Schon in seiner Kindheit sei dies so gewesen. „Wann immer meine Mutter an den Punkt kam, wo sie Gefahr lief, sich selbst zu spüren, begann sie, ein Riesentheater zu machen", berichtet Gerhard. „Es war ganz klar eine Art von Vermeidungsstrategie: War sie ängstlich oder traurig, fing sie an, von ihren Kindern oder ihrem Mann ein anderes Verhalten zu fordern. Ihre ‚schlechten' Gefühle waren stets unserem Verhalten zugeordnet. Folglich mussten wir unser Verhalten ändern, damit sie sich wieder besser fühlen konnte."

Es wurde also zur Aufgabe der Familie, die Emotionen der Mutter zu regulieren, denn sie selbst konnte es nicht. Unbewusst brachte sie ihre negativen Gefühle in ihren Kindern unter und sorgte bei diesen dementsprechend für tiefliegende Verwirrung.

„Wenn man sich selbst nicht spüren will und unangenehmen Gefühlen aus dem Weg gehen möchte, entwickelt man Strategien, um diese Gefühle anderen zuzuordnen", erklärt Gerhard.

„Und auf diese Weise bekommt der andere das Gefühl übertragen – obwohl es ja eigentlich nicht seins ist. Genauso hat das funktioniert." Vor allem in Gerhard wurde der mütterliche Mangel reaktiviert: Er war der Symptomträger, dessen diffuse Ängste, Trauer und Schuldgefühle rein rational nicht nachvollziehbar waren und so für seine Mutter unverständlich blieben. So wuchs Gerhard mit einem negativen Selbstbild auf: Unfähig, sich „zusammenzunehmen", empfand er sich als schwach und „gestört". Kaum verwunderlich, denn es gab ja auch niemandem, der dem Jungen beigebracht hätte, wie man negative Emotionen benennt, lernt, sie auszuhalten und zu verstehen, dass sie zum Leben dazugehören.

Vom Vater erhielt Gerhard in dieser Hinsicht wenig Rückendeckung. Er zog sich, so berichtet Gerhard, aus der Erziehung zurück und behielt seine Meinungen für sich – obschon er, glaubt Gerhard, oft die richtigen Argumente gehabt hätte. Doch als Erzieherin pochte die Mutter auch zu Hause auf ihre pädagogische Kompetenz. Der Vater konnte sich nicht wirklich durchsetzen und zog sich meist in seine Arbeit als Physikprofessor zurück. Innerlich war er abwesend und bot sich dem Sohn als männliche Identifikationsfigur eher unzureichend an.

„Er negierte so ziemlich alles, was mit Männlichkeit und Härte zu tun hatte, sowohl im pervertierten als auch im positiven Sinne", berichtet Gerhard. „Und er litt unter vielen irrationalen Ängsten, vor allem in Bezug auf politische Themen. Dass ‚der Russe' kommt oder die Welt völlig instabil werden würde." Einen möglichen Grund dafür sieht der Sohn in der Kriegskindheit seines Vaters.

1931 in Nordhessen geboren, wuchs der Vater überwiegend in Halberstadt im Harz auf. Von direkten Kriegseinwirkungen bekam er dort nur wenig zu spüren – vielmehr prägten ihn Kindheit und Jugend unterm Hakenkreuz. Als kleiner Junge durchlief er

Pimpfe, Jungvolk und Hitlerjugend und war begeistert von den Jugendaktivitäten der Nationalsozialisten. Geländespiele, Lagerfeuer und Gruppenfahrten erfüllten ihren Zweck: „Flink wie ein Wolf, hart wie Krupp-Stahl und zäh wie Leder" wollte der Junge sein. Möglicherweise fand er im Männerbild der Nationalsozialisten auch einen Ersatz für die Leerstelle, die die lange Abwesenheit des eigenen Vaters hinterlassen hatte: Gerhards Großvater war 1939 eingezogen worden und kehrte erst 1946 aus amerikanischer Gefangenschaft zurück. Als der Krieg zu Ende war und die Deutschen besiegt waren, kam dies für den 14-jährigen Jungen jedoch einem Schock gleich.

„1945 brach die Welt für ihn zusammen", berichtet Gerhard. „Er glaubte wohl wirklich, dass der Führer es nicht so weit würde kommen lassen. Und dann war auf einmal alles weg. Ich vermute, dass ihn das sehr prägte." Mitten in der schwierigen Identitätssuche als Jugendlicher erwiesen sich die gesellschaftlichen Ideale, die sich Gerhards Vater zueigen gemacht hatte, plötzlich als unnütz: Es stellte sich mehr als deutlich heraus, dass die Nationalsozialisten nicht nur Verlierer, sondern auch Verbrecher gewesen waren. Auch ihr Männerbild taugte nicht mehr zur Orientierung. Zu allem Überfluss geriet der geliebte Großvater in Gefangenschaft – und wies die Familie noch während seiner Gefangenschaft an, umgehend zurück nach Nordhessen, in den amerikanischen Sektor, zu ziehen. Bei Gerhards Vater blieb, so glaubt der Sohn, eine grundlegende Verunsicherung bestehen, die lebenslang anhalten sollte: Er weigerte sich fortan, Autorität auszuüben, innerhalb der Familie und anderswo. „Seine Meinung kam nie zur Geltung", erinnert sich Gerhard. „Und damit habe ich mich lange auseinandergesetzt. Ich würde sagen, es prägt mich bis heute."

Gerhard bemühte sich, die Unsicherheit des Vaters aufzufangen. Dieses Bestreben ging so weit, dass er nach seinem Abitur Physik studierte – obwohl er eigentlich kein großes Interesse für dieses Fach hatte. „Als bei mir die Entscheidung für ein Studium oder einen Beruf anstand, merkte ich, dass mein Vater panische Angst davor hatte, ich könnte auf ein Lotterleben zusteuern", erzählt Gerhard. „Davon habe ich mich stark beeinflussen lassen, ich wollte ja nicht, dass mein Vater meinetwegen leiden muss. Es war mir lieber, diese Belastung auf mich zu nehmen. Also traf ich möglichst schnell die Entscheidung für ein Studienfach, das im Sinne meines Vaters war: Physik." Obwohl Gerhard im Laufe des Studiums seine Fächerwahl mehrmals hinterfragte, zog es ihn doch immer wieder „wie verzaubert" zur Physik zurück. Inzwischen glaubt er, noch einen anderen Grund für seine Entscheidung zu kennen: „Ich wollte meinem Vater näherkommen und endlich Klarheit in das Gefühlswirrwarr meiner Kindheit bringen. Ich wollte das mit Hilfe des Studiums irgendwie aufdröseln."

Anfang der 1990er Jahre schloss Gerhard sein Studium ab und zog nach Braunschweig – zum ersten Mal in seinem Leben traf er eine freie Entscheidung, machte genau das, was er wollte. Er hängte die Physik an den Nagel, suchte sich einen Job im kaufmännisch-technischen Bereich und begann eine Therapie. „Bis dahin hatte ich mich wie ein Topf gefühlt, in den alle Bedürfnisse hineingeworfen werden konnten. Ich hatte mich dafür geöffnet, ganz unbewusst", erklärt er. „Vater, du hast Angst ... Mutter, du bist traurig ... gebt her, ich trage das für euch. Die Eltern zu erlösen, das war meine Aufgabe". Die Psychotherapie half ihm, unterscheiden zu lernen, welche Ängste und Schwierigkeiten seine eigenen waren und welche er von seinen Eltern übernommen hatte.

Heute ist die Beziehung zu Mutter und Vater recht gut. Schade findet Gerhard nur, dass seine Eltern wohl niemals den Blick in ihre Vergangenheit wagen werden, um größere Klarheit über den Ursprung eigener Gefühle und Verhaltensweisen zu erlangen. Eine Psychotherapie schließen beide Eltern für sich kategorisch aus – obwohl die Mutter selbst jahrzehntelang angehende Erzieherinnen in Psychologie und Pädagogik unterrichtete. Doch die Abwehr ist zu groß. „An dieses Thema kommt man bei ihnen überhaupt nicht ran", bedauert Gerhard. „Dass sie ihre Fehler haben, wie alle anderen auch, das räumen sie ohne weiteres ein. Aber noch einen Schritt weiterzugehen und die Vergangenheit anzuschauen, das können oder wollen sie nicht mehr. Das scheint vielen Eltern aus dieser Generation so zu gehen: Trotz ihrer eigenen Erfahrungen finden sie den Weg in die Therapie nicht. Und stattdessen machen das dann ihre Kindern für sie."

„Ich fühlte mich schon als Kind für meine Mutter verantwortlich."

Alicias Eltern, beide 1943 in Königsberg geboren, verbrachten ihre ersten zwei Lebensjahre überwiegend in Luftschutzkellern und auf der Flucht. Daran erinnern sich Vater und Mutter allerdings kaum. Dennoch hat die frühe Kriegs- und Nachkriegszeit bei ihnen Spuren hinterlassen. Das ist nicht erstaunlich, denn gerade die Erfahrungen, die wir am Anfang unseres Lebens machen, beeinflussen unsere emotionale Entwicklung oft am stärksten.

Alicias Eltern versuchten, das Trauma ihrer frühen Lebensjahre zu bewältigen, indem sie die fragilen Lebensumstände ihrer ersten Lebensjahre immer wieder inszenierten – durch häufige Umzüge, selbst gewählte Armut, ständige Beziehungswechsel, markante politische Feindbilder. „Wenn wir uns nicht erinnern, werden Dinge wiederholt", glaubt Alicia. „Und deshalb ging es auch bei uns immer nur ums Überleben."

Im Agieren lag das eigentliche Erinnern. Traumaforschern ist diese Art der symbolischen Wiederholung wohl bekannt: Beim unbewussten Versuch, die gefahrvolle Situation wieder zu erleben, haben Betroffene oft die Hoffnung, diesmal ein gutes Ende der Geschichte herbeizuführen und der erlebten Ohnmacht somit ein Ende zu setzen. Eine schwere Notlösung, die in der Regel aber keine Erleichterung verschafft.

Und auch bei Alicia, 1964 geboren, drohte sich das zu wiederholen, was die Eltern nicht erinnern konnten.

Anfang 1943 begab sich Alicias Großmutter auf eine beschwerliche Zugreise von Nürnberg nach Königsberg, an der Hand den kleinen Sohn, auf dem Arm die noch kleinere Tochter und im Bauch Alicias Mutter. Die Großmutter wollte ihr drittes Kind in ihrem Elternhaus in Königsberg zur Welt bringen, fernab der Wahlheimat Nürnberg, die ab 1942 regelmäßig bombardiert wurde. Die Reise nach Königsberg dauerte mehrere Tage. Kaum dort angekommen, wurde die jüngste Tochter geboren – doch auch hier kam die Familie nicht zur Ruhe.

Die Stadt wurde wiederholt von britischen Bomberverbänden bombardiert und im August 1944 schließlich stark zerstört. Oft verbrachte die Familie ganze Nächte im Luftschutzkeller. Im Januar 1945 schließlich erklärten die deutschen Generäle die Stadt zur „Festung" und forderten am 21. Januar alle Frauen, Kinder und nicht verteidigungsfähigen Männer auf, Königsberg sofort zu verlassen. Kurz darauf drängten sich am Hauptbahnhof die Flüchtenden, und der letzte Zug verließ die Stadt Richtung Berlin. Bereits einen Tag später unterbrachen die Russen die Schienenverbindungen gen Westen – für die Zurückgebliebenen blieb nur noch die Flucht über die Ostsee von der 50 Kilometer entfernt liegenden Hafenstadt Pillau. Erst im April 1945 ergab sich die deutsche Militärführung schließlich den sowjetischen Einheiten.

Im Winter 1945 trat Alicias Großmutter mit den drei kleinen Kindern und den alten Eltern die Flucht an – eine furchtbare Erfahrung, über die bis heute nicht gesprochen wird. Die Familie ließ sich bald in Köln nieder und auch der Großvater kehrte aus dem Krieg zurück und fand Arbeit. Ein Haus wurde gebaut, langsam kamen alle zur Ruhe. Wie in so vielen anderen Familien auch galt es, die schrecklichen Erfahrungen zu vergessen und nach vorne zu schauen. Den beiden älteren Geschwistern von Alicias Mutter gelang dies offenbar recht gut: Von ihrer Tante weiß Alicia, dass die beiden Großen froh waren, irgendwo angekommen zu sein, nicht nur überleben zu müssen, sondern es sich endlich gut gehen lassen zu können. Doch bei Alicias Mutter war dies anders. „Berichten zufolge kam sie mit der neuen Lebenssituation überhaupt nicht klar", erzählt Alicia. „Schon als kleines Kind fragte sie wohl dauernd: Wann flüchten wir wieder? Was meine Mutter von der Flucht erzählt, hört sich auch ganz anders an als das, was meine Tante und mein Onkel erzählen. Für sie war die Flucht eine sehr diffuse Erfahrung – furchtbar, aber auch toll."

Es ist anzunehmen, dass Alicias Mutter viele der sicherlich ängstigenden Erlebnisse dieser Zeit nicht verstanden hat und diese offenbar auch später nicht aufarbeiten konnte – über die Flucht wurde in der Familie schließlich nicht mehr gesprochen. Die Kriegs- und Fluchterfahrungen des kleinen Kindes blieben so unverstanden – und unbewältigt.

Alicia war ein ungeplantes Kind. Als die Mutter mit 20 von Alicias Vater, der damals erst 19 war, schwanger wurde, mussten die beiden jungen Leute auf Druck der Eltern heiraten. Anschließend gingen sie gemeinsam nach Berlin, fernab elterlicher Kontrolle, wo Alicia nach nur sieben Monaten Schwangerschaft auf die Welt kam und ihre ersten drei Lebensmonate im Brutkasten verbrachte. Für den Beginn einer sicheren Bindung zwischen Eltern und Kind war dieser schwierige Start ins Leben vermutlich nicht förderlich. Die ersten Lebensmonate Alicias, das junge Alter der Eltern und deren eigene schwierige frühkindliche Erfahrungen – all das erschwerte eine positive Beziehungsaufnahme. „Als Kind kam ich mir manchmal vor wie eine Topfblume, die man geschenkt bekommt, aber eigentlich überhaupt nicht haben will", erklärt Alicia.

Als sie noch sehr klein war, gingen die Eltern mit ihr nach Düsseldorf und eröffneten dort eine Kunstgalerie. Doch dieses Projekt scheiterte genau wie die Ehe nach wenigen Jahren. Die Mutter ging mit der vierjährigen Alicia zurück nach Berlin, nahm dort ein Studium auf und begann, sich in der KPD zu engagieren. Mit ihrer kleinen Tochter zog sie in eine WG.

Alicia kann sich noch gut an diese Zeit erinnern. Das WG-Leben gefiel ihr. „Ich hatte immer Ansprechpartner", erinnert sie sich. „Mit acht bin ich auch schon auf Demonstrationen mitgegangen. Wenn die Situation dann heikler wurde und auch mal Steine flogen, hat der Mitbewohner meiner Mutter sich um mich gekümmert – meine Mutter war in der Regel weg. Dass sie sich nur wenig um mich kümmerte, das zieht sich durch mein Leben. In der WG wurde das damals noch einigermaßen aufgefangen."

Doch bald konnte die Wohngemeinschaft die Haltlosigkeit der Mutter, die sich immer stärker in der KPD engagierte, nicht mehr kompensieren. Ganz plötzlich entschloss Alicias Mutter sich dann, mit ihrem neuen Partner und der zehnjährigen Tochter nach Bochum zu ziehen, um dort im Auftrag der Partei die Massen wachzuküssen. Für Alicia bedeutete dies eine radikale Umstellung: Sie kam mit dem neuen Lebensentwurf ihrer Mutter nicht klar, fand in Bochum keinen Anschluss, fühlte sich zu Hause nicht wohl und entwickelte eine kindliche Depression.

„Meine Mutter beendete ihr Sozialpädagogik-Studium und trat eine Stelle beim Jugendamt an, doch mit mir sprach sie kaum", erklärt Alicia. „Irgendwie kann sie kaum nachvollziehen, was in anderen Menschen vorgeht. Wenn ich heute versuche, mit ihr darüber zu sprechen, nimmt sie das nur als Vorwurf wahr. Sie hört nur das, was ein Dreijähriger hören würde. ‚Du warst böse.' Es ist unmöglich, ihr klarzumachen, worum es geht. Manchmal kommt sie mir heute noch vor wie ein kleines Kind, wenn sie Geschichten aus der Zeit erzählt, als sie vier oder fünf war. Man merkt: Da sitzt das Trauma."

Doch auch der neue Lebensentwurf der Mutter war nicht von Dauer. Nach wenigen Jahren geriet sie in Konflikt mit ihren politischen Mitstreitern und verließ die Partei. In dieser Zeit ging auch ihre Beziehung in die Brüche. Doch lange alleine sein, das konnte die Mutter nicht. „Sie stürzte sich sofort in die nächste Beziehung", erzählt Alicia. „Es war wie immer: Neuer Mann, neuer ideologischer Überbau, alles war anders." Als Kind hat es mich verrückt gemacht, dass sie immer so sprunghaft und unberechenbar war. Sie konnte überhaupt keine Orientierung geben. Mit Mitte 30 wurde sie dann noch mal schwanger." Ein Junge wurde geboren. Als auch die neue Beziehung in die Brüche ging, zog Alicias Mutter nach Frankfurt. Alicia blieb in Bochum, suchte sich eine kleine Wohnung und begann eine Lehre als Tischlerin. „Das war richtig hart, weil ich immer wieder an Depressionen litt", erzählt sie. „Aber ein Kollege hat mich jeden Morgen abgeholt. In der Firma haben sie auf mich aufgepasst, geschaut, dass ich mitziehe. Das hat mir sehr geholfen."

Auch das Verhältnis zum Vater erinnert Alicia als schwierig. Die Eltern trennten sich, als Alicia vier Jahre alt war; von diesem Zeitpunkt an fand der Kontakt zwischen Vater und Tochter nur noch sporadisch statt. Auch er, so berichtet Alicia, war unfähig, Struktur und Geborgenheit zu vermitteln. Innerlich blieb er ein bedürftiges Kind und verlangte von Alicia, sie müsse sich mehr um ihn kümmern.

Seine Kriegsgeschichte ähnelt der von Alicias Mutter: Ebenfalls 1943 in Königsberg geboren, verbrachte er bereits als Säugling mit seiner Mutter und seinen drei Geschwistern eine Menge Zeit im Luftschutzkeller. Sein eigener Vater war eingezogen worden, ob er überhaupt noch lebte, wusste in den Wirren der Kriegsjahre niemand. Anfang 1945 floh die Großmutter mit ihren vier Kindern und zwei Schwestern von Königsberg nach Düsseldorf.

„Über die Flucht meines Vaters weiß ich allerdings kaum etwas", sagt Alicia. „Die ganze Familie ist komplett stumm." Nur hin und wieder deutete die Großmutter an, dass die Flucht schrecklich gewesen sei und die Familie außer einiger Kilos Zucker lange nichts zu essen gehabt hätte. Als der Großvater Jahre später aus der Kriegsgefangenschaft entlassen wurde und zu seiner Familie nach Düsseldorf zurückkehrte, war er offensichtlich schwer traumatisiert: Alicias Vater erzählte seiner Tochter einmal, der Großvater habe sich nach seiner Rückkehr einen Verschlag im Schlafzimmer gebaut und daran eine Klingel montiert. Alicia glaubt, dass die ersten Jahre in Königsberg, die Flucht und die Kindheit in der bedrückenden Atmosphäre des Schweigens dramatische Auswirkungen auf ihren Vater hatten: „Manchmal kam er mir vor wie ein kleines Kind in einer katatonischen Erstarrung", reflektiert sie. „Auf emotionaler Ebene war er überhaupt nicht ansprechbar." Auch sein Beziehungsverhalten sei anstrengend gewesen: Bereits als Kind kam er Alicia manchmal ganz nah und distanzierte sich im nächsten Moment ganz plötzlich wieder. Als sie Anfang 30 war, sah sie ihn zum letzten Mal. „Es hatte keinen Sinn. In unseren Gesprächen ging es nur um Rechtfertigungen, warum er sich nicht um mich gekümmert hätte – und Vorwürfe, dass ja auch ich mich mehr hätte bemühen können", erklärt Alicia.

„Trotzdem kann ich bei ihm vieles eher entschuldigen als bei meiner Mutter. Zumindest blieb er sich immer treu. Als ich ihn als Jugendliche einmal fragte, ob ich zu ihm ziehen könne, sagte er mir ganz klar, er könne das nicht. Mein Vater war immer er selbst, er hatte ein Grundgerüst. Meine Mutter hat mir durch ihre Unberechenbarkeit und ihr Desinteresse oft sehr weh getan. Man konnte sich einfach nicht auf sie verlassen. Sie bog sich die Wahrheit immer so hin, wie es ihr passte und behauptete einfach, sie hätte bestimmte Dinge nie gesagt oder getan."

Aufgrund ihrer frühkindlichen Kriegserfahrungen sind Alicias Eltern ganz offensichtlich emotional bedürftig geblieben. Da sie selbst vernachlässigt worden waren, blieben sie auf sich fixiert. Beziehungen führen, Empathie empfinden, Fürsorge übernehmen – diese emotionalen Kompetenzen hatten sie in den ersten schwierigen Jahren ihres Lebens offensichtlich nicht ausbilden können. Sie blieben innerlich instabil und wurzellos, konnten so auch ihre Tochter nicht angemessen emotional versorgen und gaben ihren Mangel an Alicia weiter.

Es kostete Alicia einige Jahre und viele Anstrengungen, sich von diesen Belastungen zu befreien. Mit Mitte 20 zog sie nach Frankfurt, in die Nähe ihrer Mutter, die mittlerweile als Sozialpädagogin mit ausgrenzungsgefährdeten Jugendlichen arbeitete. Möglicherweise keimte durch die berufliche Tätigkeit der Mutter nun in Alicia unbewusst wieder die Hoffnung, die Mutter würde sich auch ihr stärker zuwenden, ein Wunsch, der sich leider nur bedingt erfüllte.

In Frankfurt begann sie ein Studium der Sozialwirtschaft, absolvierte es mit Erfolg und fand anschließend einen Job in einer psychosozialen Beratungsstelle für Substituierte. Zum ersten Mal verdiente sie mehr, als sie ausgeben konnte – eine durchaus stabilisierende Erfahrung. Außerdem begann sie eine Therapie. „Da habe ich zum ersten Mal in meinem Leben gelernt, mir etwas zu wünschen und mehr auf meine Bedürfnisse zu hören. Das habe ich vorher nie gekonnt", erzählt sie. „Die Therapie war sehr befreiend für mich, da konnte ich mit vielen Dingen meinen Frieden schließen."

Nach sieben Jahren hat Alicia ihren Job in der Drogenhilfe nun gekündigt – sie spürt, dass sie dieser Arbeit inzwischen entwachsen ist. Bis sie eine andere Stelle gefunden hat, bemüht sie sich, ihre neu gewonnene Freizeit auch zu genießen. „Ich neige manchmal noch dazu, mich mit dem Minimum zufrieden zu geben", fügt sie hinzu. „Zu denken: Der Kühlschrank ist voll, die Wohnung ist warm, was will ich eigentlich mehr? Reisen, Hobbies pflegen, sich die Freizeit gestalten – alles, was über das pure Überleben hinausgeht, war mir lange ziemlich fremd. Ich arbeite noch immer daran, mir ein bisschen mehr zu gönnen."

Von der Hoffnung, irgendwann noch einmal Zuwendung oder Fürsorge von der Mutter zu erhalten, hat Alicia sich noch nicht ganz verabschieden können. Manchmal holt ihre alte Bedürftigkeit sie wieder ein. Jüngst, als sie sich arbeitslos meldete – da hoffte sie auf ein wenig Trost von ihrer Mutter. Doch es kam nichts. „Ich muss in der Beziehung zu ihr immer die Erwachsene bleiben", erklärt Alicia. „Das ist unheimlich anstrengend. Sonst sitze ich nachher da und bin enttäuscht." Noch heute ist es nicht möglich, mit der Mutter darüber zu sprechen. Sie würde es ohnehin nicht verstehen, glaubt Alicia: „Sie hat so viele Sachen, auf die sie noch immer den Deckel hält. Sie ist ja nicht nur Täter, sie ist auch Opfer." Für ihr elterliches Versagen in der Vergangenheit will Alicia ihrer Mutter keine Vorwürfe machen. „Das ist vorbei, das kann man jetzt auch nicht mehr ändern", sagt sie. Nicht verzeihen kann sie der Mutter jedoch, dass diese nie den Versuch unternahm, sich mit ihrer Geschichte auseinanderzusetzen. „Wenn sie das getan hätte, würde sie heute vielleicht mehr Frieden spüren", überlegt Alicia. „Und dadurch wäre auch unsere Beziehung einfacher. Aber so bremst sie sich permanent aus. Das ist schade."

Alicia ist stolz darauf, es trotz dieses familiären Erbes geschafft zu haben, doch noch ein gutes Leben zu führen. „Meine Eltern haben es mir im Grunde genommen wirklich schwer gemacht", erklärt sie. „Aber ich habe versucht, gegen meine Depressionen und Lebensängste anzugehen und mich Schritt für Schritt davon zu befreien. Ich habe gemerkt, was mir gut tut – eine Struktur zum Beispiel. Damit bin ich viel weiter als meine Mutter."

Oft sind es gerade die nicht bewusst erinnerten Erfahrungen der späten Kriegskinder, die sich noch massiv auf die psychische Entwicklung ihrer eigenen Kinder auswirken – das zeigt die Geschichte von Alicia. Vielen anderen Kindern von spät geborenen Kriegskindern wird es wahrscheinlich ähnlich gehen, obwohl es möglicherweise sowohl ihnen selbst als auch ihren Eltern schwerfällt, diese Zusammenhänge zu sehen. Doch es lohnt sich, genauer hinzuschauen. Denn wenn wir erst einmal beginnen, uns mit den Prägungen der Eltern zu beschäftigen, führt dies unweigerlich zu der Erkenntnis, dass trotz aller Verletzungen Fragen von elterlicher Schuld oder elterlichem Versagen nicht mehr so einfach zu beantworten sind.

7. Schuld und Täterschaft
Was der dritten Generation zu tun bleibt

Fragen von Täterschaft, Schuld und Mitläufertum sind in diesem Buch bislang wenig thematisiert worden. Das ist kaum verwunderlich, geht es doch um die Kriegskinder, die in den allermeisten Fällen noch viel zu jung waren, um sich politisch zu positionieren. Die Folgen der nationalsozialistischen Ideologie sind lediglich am Rande aufgetaucht: Etwa in der Geschichte Gerhards, dessen Vater als Kind stark von den Männlichkeitsbildern des Nationalsozialismus geprägt war und nach dem Fall des Dritten Reiches dementsprechend Mühe hatte, die entstandene „Leerstelle" durch ein positives Männerbild zu ersetzen – mit Folgen für seinen Sohn, dem es ebenfalls schwer fiel, zu einer positiven männlichen Identität zu finden. Oder im Falle Georgs, dessen Vater als 16-Jähriger Ausbilder in einem Hitlerjugend-Trainingscamp war und sich – im Gegensatz zu Gerhards Vater – nie von den Männlichkeitsbildern des Nationalsozialismus hatte lösen können. Seine Kinder erzog er mit derselben Härte, die auch er kennengelernt hatte.

Doch wie sieht es mit der Großeltern-Generation aus? Erstaunlicherweise wussten meine Gesprächspartner so gut wie gar nichts darüber, ob „Oma und Opa" möglicherweise die Politik der Nationalsozialisten unterstützt hatten – oder gar aktiv in kriegsverbrecherische Handlungen involviert gewesen waren. Lediglich eine Gesprächspartnerin konnte berichten, dass ihr Großvater bei der Waffen-SS gewesen sei, doch auch sie hatte keine Informationen über seine Handlungen im Krieg. Schweigen, Tabuisierungen, bisweilen auch familiäre Loyalitäten liegen wie ein Schleier über diesem Aspekt der Vergangenheit. Dass es jedoch wichtig ist, sich auch der politischen – konkret: nationalsozialistischen – Vergangenheit der Großeltern-Generation bewusst zu sein, möchte ich in diesem Kapitel zeigen. Denn auch die Taten der Großeltern können lange weiterwirken und unter Umständen Schatten auf die dritte und vierte Generation werfen.

Doch zunächst ein kurzer Rückblick. Bis heute ist die Anzahl der Menschen, die infolge der kriegerischen Politik der Nationalsozialisten ihr Leben lassen mussten, unübertroffen. Im Zuge des Holocaust ermordeten die Nationalsozialisten sechs Millionen Juden oder „Judenmischlinge", also gut ein Drittel aller europäischen Juden, darunter 1,8 Millionen Kinder. Auch Hunderttausende Roma und Sinti, 200.000 körperlich oder geistig Behinderte und etwa 5.000 Homosexuelle kostete der Rassenwahn das Leben. In Polen und der Sowjetunion starben mindestens 3,5 Millionen Zivilisten, Partisanen und vor allem Kriegsgefangene durch die Verbrechen der Wehrmacht. In der Vorkriegszeit waren bereits 20.000 politische Regimegegner – meist Angehörige der Linksparteien – und etwa 1.200 Zeugen Jehovas ermordet worden.

Schätzungen zufolge fanden während des Zweiten Weltkriegs weltweit 55 bis 60 Millionen Menschen den Tod: Soldaten, Zivilisten, Verfolgte.

Die Frage, wer die Verantwortung für die zahllosen Morde der Nationalsozialisten trägt, wird heute lebhaft diskutiert. Unmittelbar nach dem Zweiten Weltkrieg entschloss sich die breite Öffentlichkeit zu glauben, dass nur ein paar Tausend Psychopathen unter Anleitung einiger Kriegsverbrecher um Adolf Hitler für die Taten der Nationalsozialisten zur Verantwortung zu ziehen waren. Gestapo und SS wurden als Haupttätergruppen ausgemacht, pathologisiert und so aus der bürgerlichen deutschen Gesellschaft hinauskatapultiert. In den 1960er Jahren dann erschien im Zuge des Eichmann-Prozesses ein neues Täterbild: das des emotionslosen, pragmatischen Schreibtischtäters. „Beide Diskurse entpuppten sich jedoch als zwei Seiten derselben Medaille", erklärt der Kölner Bildungsforscher Wolfgang Gippert. „Sie dienten der Distanzgewinnung gegenüber den Tätern und ihren konkreten Taten sowie der Selbstentlastung großer Bevölkerungsteile der deutschen Gesellschaft." (Gippert: *Neue Tendenzen in der Täterforschung*)

Erst in den 1990er Jahren begann sich eine neue Art der NS-Täterforschung zu etablieren: Im Zuge der „Goldhagen-Debatte", der Wehrmachtsausstellungen und der Publikation von Christopher R. Brownings Buch *Ganz normale Männer* – worin der amerikanische Historiker zu erklären versuchte, wie situative Faktoren und allgemeine Eigenschaften der menschlichen Natur, wie sie etwa aus der Dynamik des Gruppenverhaltens erwachsen, „normale Männer" zu nationalsozialistischen Mördern werden ließen – rückte auch der Durchschnittsdeutsche ins Visier der Historiker.

Die neue Täterforschung widmet sich seitdem verstärkt diesem Ansatz und kommt immer wieder zum Ergebnis, dass die Mitglieder der Tötungseinheiten, ob in den Konzentrationslagern, bei der Gestapo, der SS oder Wehrmacht, aus allen Reihen der deutschen Bevölkerung stammten. „Keine Alterskohorte, kein soziales und ethnisches Herkunftsmilieu, keine Konfession, keine Bildungsschicht erwies sich als resistent", schreibt der Flensburger Historiker Gerhard Paul in seinem Buch *Die Täter der Shoah*. Die Täter und Täterinnen waren in der Mehrzahl tatsächlich „ganz normale Deutsche". Und anscheinend gelang es den meisten von ihnen, ihr Leben später ohne größere Schuldgefühle fortzusetzen. In seinem Buch *Täter* findet der Sozialpsychologe Harald Welzer dafür folgende Erklärung: „Der Grund dafür, dass die weit überwiegende Zahl der Täter an ihrer Aufgabe nicht zerbrach, obwohl viele von ihnen vielleicht tatsächlich gegen ihr ‚eigentliches' Empfinden töteten, liegt darin, dass die Tötungsmoral des Nationalsozialismus sowohl persönliche

Skrupel als auch das Leiden an der schweren Aufgabe des Tötens normativ integriert hatte."

Historiker schätzen, dass die Anzahl der in die Massenmorde involvierten Deutschen weit in die Hunderttausende geht.

Dennoch gibt es in den meisten deutschen Familien bis heute keine überzeugten Nationalsozialisten – geschweige denn Täter! Die Großväter waren im Krieg gewesen, weil sie mussten, die Großmütter hatten sich nicht um Politik gekümmert. Doch wo sind die vielen Sympathisanten der Nationalsozialisten geblieben? Harald Welzer ging diesem Phänomen in einer breit angelegten Studie nach und interviewte mit seinen Kolleginnen Sabine Moller und Karoline Tschuggnall „ganz normale Deutsche" über die NS-Vergangenheit in der eigenen Familie. In 40 Familiengesprächen und 142 Interviews befragten die Forscher die Familienangehörigen sowohl einzeln als auch gemeinsam nach erlebten und überlieferten Geschichten aus der NS-Vergangenheit. Dabei beobachteten Welzer und seine Kolleginnen, wie die Großeltern über ihre Erlebnisse sprachen und wie diese von den Kinder- und Enkelgenerationen interpretiert wurden. „Nicht wenige Geschichten veränderten sich auf ihrem Weg von Generation zu Generation so, dass aus Antisemiten Widerstandskämpfer und aus Gestapo-Beamten Judenbeschützer wurden", schreibt Welzer in seinem Buch *Opa war kein Nazi*.

Selbst Berichte von Morden und Erschießungen hinterließen bei den Kindern und Enkeln oft keine Spuren. Wohl aber nutzten viele Nachkommen jeden noch so entlegenen Hinweis darauf, dass ihre Großeltern etwas „Gutes" getan hatten, um dann Versionen der Vergangenheit zu erfinden, in denen diese als couragierte Menschen auftreten: „Innerhalb der Familien beobachteten wir eine Restaurierung der tradierten, aber eigentlich längst abgelöst scheinenden Alltagstheorie, dass ‚die Nazis' und ‚die Deutschen' zwei verschiedene Generationengruppen gewesen seien, dass ‚die Deutschen' als verführte, missbrauchte, ihrer Jugend beraubte Gruppe zu betrachten seien, die selbst Opfer des Nationalsozialismus waren ... Paradoxerweise scheint es also gerade die gelungene Aufklärung über die Verbrechen der Vergangenheit zu sein, die bei den Kindern und Enkeln das Bedürfnis erzeugt, die Eltern und Großeltern im nationalsozialistischen Universum des Grauens so zu platzieren, dass von diesem Grauen kein Schatten auf sie fällt." Die Ambivalenz, dass der Großvater sowohl ein Täter als auch ein guter Opa gewesen sein mag, können viele Deutsche offenbar noch immer nicht aushalten.

Dass es jedoch wichtig ist, sich mit den Spuren der nationalsozialistischen Vergangenheit innerhalb der eigenen Familie auseinanderzusetzen, das haben in den letzten Jahrzehnten zahlreiche Wissenschaftler belegen können. 30 Jahre nach Ende des Zweiten Weltkriegs begannen israelische und amerikanische Wissenschaftler erstmals, die Auswirkungen des Holocaust auf die Kinder der Überlebenden zu diskutieren. Sie stellten dabei fest: Obwohl die Kinder der „Survivors" weit nach 1945 geboren waren, litten auch sie an Ängsten und Beklemmungen. „Die Kinder mussten ein emotionales Vakuum ausfüllen, dem sich die Überlebenden selbst nicht stellen konnten", analysierte der israelische Psychologe Dan Bar-On in seinem Buch *Furcht und Hoffnung bis zu den Enkeln des Holocaust*. „Dieses Vakuum verhinderte, dass sich die Nachfahren psychisch von ihren Eltern trennen konnten." Die nach dem Krieg geborenen Kinder waren für ihre traumatisierten Eltern oft ein Ersatz für das, was diese in den Kriegsjahren verloren hatten: die eigenen Eltern, Geschwister, manchmal sogar frühere Kinder. Sie wurden mit Erwartungen überhäuft und konnten oft nur unter großer Mühe zu ihrer eigenen Identität finden.

Ausgehend von diesen Forschungen widmete sich Dan Bar-On in den 1990er Jahren den Familien der deutschen Täter. Er fragte sich, ob auch „auf der anderen Seite" die Taten der Elterngeneration bei den Nachkommen Spätfolgen zeigten. Und tatsächlich: Auch hier trug die nächste Generation noch schwer an der Last der Vergangenheit. Die Kinder der Täter litten an Symptomen wie kaum benennbare Schuldgefühle und diffuse Ängste. Die stärkste generationenübergreifende Wirkung zeigte allerdings das anhaltende Schweigen in den Familien. Gerade Kinder, die aufgrund familiärer Loyalitäten die Schuld der Eltern nicht wahrhaben konnten, blieben mitunter derart in die Familiengeschichte verstrickt, dass sie selbst daran zerbrachen – hier wirkte die transgenerationale Weitergabe nicht selten sogar bis in die dritte Generation.

Ein Beispiel dafür ist die Geschichte der Journalistin und Autorin Alexandra Senfft, 1961 geboren, die in ihrem Buch *Schweigen tut weh* beschreibt, wie die dunkle Vergangenheit ihres Großvaters Hanns Ludin auch sie prägte. Als „Gesandter des Großdeutschen Reiches in der Slowakei" war Ludin verantwortlich für die Enteignung und Deportation von zehntausenden Juden und wurde deshalb 1947 von den Alliierten hingerichtet. Innerhalb seiner Familie galt der SA-Mann jedoch bis zum Tode seiner Ehefrau Erla im Jahr 1997 als „guter Nazi". Senffts Mutter Erika, 1933 als älteste Tochter Ludins geboren, rüttelte Zeit ihres Lebens nicht an diesem Vaterbild. Die zwiespältige Liebe zu ihrem Vater führte schließlich zu schweren Depressionen und Alkoholsucht.

„Hätte sie sich eingestanden, dass er ein Kriegsverbrecher war, hätte sie einen Bruch mit ihrer Familie riskiert – doch aus diesem Netz von Abhängigkeiten konnte sie sich nie befreien", glaubt ihre Tochter Alexandra Senfft. „Die Verdrängung und unbewussten Schuldgefühle haben sich dann in ihrer Selbstzerstörung symptomatisch gezeigt. Und durch diese Krankheit hat meine Mutter ihre Abhängigkeit an uns Kinder weitergegeben."

Das unverarbeitete Familientrauma wirkte bis in die dritte Generation: Als Kind fühlte sich Alexandra Senfft für die instabile Mutter verantwortlich, später ging sie aus Selbstschutz auf Distanz zu ihr. Auch in beruflicher Hinsicht prägte die Geschichte des Großvaters die Enkelin. Senfft sieht einen klaren Zusammenhang zwischen ihrem früheren Engagement als UN-Pressesprecherin im Gazastreifen und der Nazi-Vergangenheit des Großvaters: „Meine Bemühungen um einen Dialog zwischen Israelis und Palästinensern hatten sicherlich mit dem Bedürfnis zu tun, Gespaltenes wieder zusammenzubringen", glaubt sie. Eine intensive Beschäftigung mit der Geschichte des Großvaters und somit auch ein Stück Selbsttherapie war für Alexandra Senfft jedoch erst nach dem Tod von Großmutter und Mutter möglich. Heute plädiert sie für eine konsequentere Aufarbeitung des Nationalsozialismus innerhalb aller deutschen Familien: „Das Schweigen unserer Eltern hat sich auf unsere Generation übertragen, die Loyalität gegenüber Familienmitgliedern verhindert Aufklärung und macht uns so unbewusst zu Komplizen. Wir merken oft nicht, wie verstrickt wir noch sind und haben Verhaltensweisen übernommen, die wir nicht mehr mit dem Krieg in Verbindung bringen."

Zu welchen Konflikten es führen kann, wenn sich ein Teil der Familie entschließt, in die Vergangenheit zu schauen, erfuhr ich im Zuge der Recherchen zu diesem Buch. Als im Frühjahr 2007 die Wohnung meiner Großeltern mütterlicherseits aufgelöst wurde, standen wir Nachkommen plötzlich vor einem großen Stapel von Tagebuchaufzeichnungen, Fotoalben und Akten meiner Großeltern aus Kriegszeiten. Uns war keinesfalls unbekannt gewesen, dass diese Akten existierten: Meine Großeltern hatten sie für uns alle sichtbar im Esszimmer aufbewahrt. Ein Teil der Familie begann, die zahlreichen Aufzeichnungen, Fotografien und Dokumente durchzusehen. Sie belegten sehr genau, dass meine Großeltern zumindest bis Anfang der 1940er Jahre vom Nationalsozialismus begeistert gewesen waren: Wie so viele andere Deutsche auch, waren sie Mitläufer gewesen, die sich weder an den nationalsozialistischen Verbrechen beteiligt, noch Widerstand geleistet hatten.

Doch warum hatten wir, ihre Kinder und Enkel, diese persönlich und zeithistorisch interessanten Dokumente so lange ignoriert? An einer blockierenden Haltung meiner Großeltern kann es nicht gelegen haben: Die Existenz der Alben hatten sie nie verschwiegen, im Gegenteil, mein Großvater hatte meiner Schwester irgendwann in den frühen 1990ern sogar seine in Sütterlin verfassten Tagebücher aus Kriegszeiten gezeigt und vorgelesen. Ich vermute stattdessen, dass wir Nachkommen gar nicht so genau hatten wissen wollten, was „Oma und Opa" im „Dritten Reich" gemacht hatten. Unbewusst hatten wir wohl befürchtet, dem positiven Bild meiner Großeltern als Mittelpunkt unserer Familie sonst Kratzer zufügen zu müssen. Als wir jedoch begannen, uns mit der Vergangenheit meiner Großeltern zu beschäftigen, stellten wir fest, dass es sehr wohl möglich ist, die Ambivalenz auszuhalten, dass „Oma und Opa" sowohl Träger des nationalsozialistischen Regimes als auch engagierte und liebevolle Großeltern gewesen waren. Obgleich schmerzlich, führte die Auseinandersetzung uns zu vielen interessanten Fragen: Welche lebenslangen Prägungen hatte das Aufwachsen in nationalsozialistischen Jugendorganisationen bei meinen Großeltern hinterlassen? Wie hatten sich diese auf ihre Kinder und auch uns Enkel ausgewirkt? Hatte die Erfahrung, einmal gänzlich auf der falschen Seite gestanden zu haben, bei meinen Großeltern nicht später zu einer grundlegenden Lebensverunsicherung geführt? Und hatte sich diese Verunsicherung nicht auch in den Lebenswegen ihrer Kinder niedergeschlagen? Für andere Teile der Familie hingegen war diese Auseinandersetzung zu bedrohlich: Sie mochten die Tagebücher nicht lesen und bezeichneten uns als überheblich – und meine Großeltern als „bestenfalls Verführte".

Dass es aber für jede Familie wichtig ist, sich der nationalsozialistischen Vergangenheit der Großeltern-Generation bewusst zu sein, konnte jüngst die Sozialwissenschaftlerin Michaela Köttig in einer Studie über die Ursachen rechtsextrem orientierter Handlungsmuster bei jungen Frauen aus der Neonazi-Szene nachweisen (Köttig: *Die Bedeutung der intergenerationalen Weitergabe in Familien- und Lebensgeschichten rechtsextrem orientierter junger Frauen*). Köttig fand heraus, dass die nationalsozialistische Familienvergangenheit unter Umständen bis in die vierte Generation hineinwirkt.

Die Sozialwissenschaftlerin interviewte 38 Frauen der Jahrgänge 1974 bis 1985, deren Großeltern zwischen Anfang der 1920er und Anfang der 1930er Jahre geboren wurden. Dass der familiäre Hintergrund bei der rechtsextremen Orientierung der Frauen eine Rolle spielen könne, hatte Köttig zu Beginn ihrer Studie nicht erwartet: Sie betrachtete vor allem die schwierigen biographischen Erfahrungen der jungen Frauen und die stützenden sozialen Rahmenbedingungen der Neonazi-Szene als ausschlaggebend. Im Laufe der Analysen kristallisierte sich jedoch heraus, dass auch unbearbeitete Themen aus der Familienvergangenheit bei den Enkelinnen und Urenkelinnen ihren Niederschlag fanden. Oftmals führte gerade ein Mangel an Identifizierung mit den eigenen Eltern zu einer Hinwendung zur Großeltern- oder Urgroßelterngeneration, die dann aufgrund ihrer nostalgischen Erinnerungen an die NS-Zeit von den Enkelinnen als NS-Helden und somit starke Vorbilder konstruiert wurden. „In der Regel hatten weder die Großeltern noch die Eltern der Biographinnen den reflektierenden Dialog über die Familienvergangenheit eröffnet", schreibt Köttig. „In keinem Fall konnten Hinweise auf eine aufdeckende Auseinandersetzung über die Mitverantwortung sowie die Beteiligungen am Nationalsozialismus und über damit verbundene möglicherweise begangene Verbrechen gefunden werden. Ganz im Gegenteil zeigte sich, dass die Biographinnen die Opfer- und Leidensgeschichten ihrer Großeltern thematisch ausbauten und Verdachtsmomente auf deren Täterschaft negierten. Die Enkelinnen und Urenkelinnen sind demnach in das familiale Schweigen in gewisser Weise eingebunden und unterwerfen sich dem auch in bestimmten Bereichen."

Köttigs Studie demonstrierte also, dass sich unbearbeitete Anteile der Familienvergangenheit mit zunehmendem Abstand nicht von selbst auflösen. Ganz im Gegenteil zeigten sich diese Spuren auch in der vierten Generation noch überdeutlich. Zu Recht also empfindet es die Sozialwissenschaftlerin als gefährlich, dass der zunehmende zeitliche Abstand und Mangel an bewusster Erinnerung es heute immer schwieriger macht, diese Verbindungen zu rekonstruieren. Denn schließlich wirkt die Vergangenheit nicht nur auf einer individuellen Ebene bis in die Gegenwart hinein – auch politische und gesellschaftliche Orientierungen und Entwicklungen sind stets davon betroffen.

Gerade die dritte Generation, die Kinder der Kriegskinder, hat nun die Möglichkeit, das vielfach beschworene Schweigen über die Verwicklungen der eigenen Familie in den Nationalsozialismus zu brechen. Denn die Kinder der Kriegskinder sind weit genug entfernt vom Geschehen, um innerhalb der Familien einen neuen Dialog aufnehmen zu können. Profitieren können wir davon letztlich alle. Denn erst durch die individuelle Beschäftigung mit unserer nationalsozialistischen Vergangenheit anhand der eigenen Familiengeschichte ist es vielleicht möglich, eine Abspaltung der „Nazis" von den „Deutschen" zu vermeiden und die im Namen des Nationalsozialismus begangenen Verbrechen als etwas weniger „Fremdes" begreifen zu lernen. Und somit als etwas, was wieder passieren könnte, sollte es uns nicht gelingen, durch die Reflexion des Geschehens auch die Weitergabe innerhalb unserer eigenen Familien zu verhindern.

Diese Auseinandersetzung zu führen ist jedoch nicht immer leicht. Der Psychotherapeut Jürgen Müller-Hohagen plädiert dafür, bei dieser Art von Aufarbeitung im Zusammenhang mit Fragen von Täterschaft und Täterhaftigkeit sensibel vorzugehen: Zeige man vor allem mit dem Finger auf andere, „setzten nur mit Macht die verschiedenen Abwehrmanöver ein, insbesondere in Richtung des Statements ‚Täter, das sind die Anderen.'" (Müller-

Hohagen: *Übermittlung von Täterhaftigkeit an die nachfolgenden Generationen*). Viel besser sei es, so Müller-Hohagen, wenn dem Blick nach außen der auf sich selber vorausgegangen sei, auf die eigene Geschichte und Lebenspraxis. Und wenn dabei auch die Frage nach eigener Täterhaftigkeit nicht ausgeklammert werde: „Es geht um eine Kultur der von Selbstreflexion getragenen Bemühungen um Wahrheit und Wahrhaftigkeit."

8. Resilienz und Verarbeitung
Was bei der Bewältigung der eigenen Geschichte hilft

Nicht alle Kriegskinder konnten sich im Laufe ihres Lebens vom Erbe ihrer frühen Erfahrungen befreien. Vielen fügte das Erlebte anhaltenden Schaden zu, das haben wir in den letzten Kapiteln exemplarisch gesehen. Anderen wiederum gelang es viel besser, mit belastenden Erfahrungen umzugehen: So ist unsere Gesellschaft heute geprägt von Kriegskindern, die trotz schwieriger erster Lebensjahre zu widerstandsfähigen Erwachsenen heranwuchsen. Prominente Beispiele finden sich etwa in der Politik. Wolfgang Thierse, geboren 1943, floh als Kleinkind mit seiner Familie vor der russischen Armee aus dem brennenden Breslau bei 16 Grad unter Null und 50 Zentimeter Neuschnee. Der charismatische SPD-Abgeordnete ist heute Bundestagsvizepräsident. Der verstorbene Johannes Rau, Jahrgang 1931, musste als 12-Jähriger im zerstörten Wuppertal helfen, Leichen zu bergen. Die Krönung seiner politischen Karriere war die Ernennung zum Bundespräsidenten, ein Amt, in dem er sehr beliebt war. Auch sein Nachfolger Horst Köhler, geboren 1943, blickt auf eine belastende Kindheit zurück: Als Kleinkind floh er mit der Mutter und drei weiteren Geschwistern aus Ostpolen, später hauste die Familie vier Jahre lang in Flüchtlingslagern.

Natürlich ist beruflicher Erfolg kein Gradmesser für psychische Gesundheit. Aber es ist doch anerkennenswert, wie die drei Politiker es schafften, ihren Lebensweg trotz ihrer belastenden Kindheitserfahrungen den eigenen Vorstellungen entsprechend zu gestalten. Ihre Biographien zeigen: Menschen gehen unterschiedlich mit schwierigen Erfahrungen um. Was den einen stark prägt, mag vom anderen schnell überwunden werden. Dies gilt natürlich auch für die Kinder der Kriegskinder: Nicht jedes mit einem kriegstraumatisierten Elternteil aufgewachsene Kind übernimmt zwangsläufig die Ängste von Mutter oder Vater. Doch worin liegt das Geheimnis dieser besonderen Widerstandsfähigkeit? Wie können wir sie erwerben? Und was hilft bei der Auseinandersetzung mit der eigenen Familiengeschichte? In diesem Kapitel möchte ich zeigen, dass wir unseren Prägungen nicht zwangsweise ausgeliefert sind – sondern selbst auch etwas tun können, um belastende Lebenserfahrungen zu verarbeiten.

In Teilen hängt unsere psychische Widerstandsfähigkeit zunächst von unserer genetischen Disposition ab: Manche Menschen sind besonders verletzlich und haben ein erhöhtes Risiko, unter der Einwirkung äußerer Stressfaktoren seelisch zu erkranken. Gibt es bereits psychische Krankheiten in der Familiengeschichte, sind sie besonders gefährdet. Zum anderen sind unsere frühen Prägungen ausschlaggebend. Der Grundstein für Resilienz – also die Fähigkeit, trotz belastender Erfahrungen seelisch gesund zu bleiben – wird offenbar bereits in frühen Jahren gelegt.

In den 1970ern erkannte die deutsch-amerikanische Entwicklungspsychologin Emmy E. Werner, dass resiliente Kinder vor allem eines auszeichnet: Die stabile Bindung an eine verlässliche und positiv zugewandte Bezugsperson (Emmy E. Werner: *Vulnerable, but Invincible: A Longitudinal Study of Resilient Children and Youth*). Werner untersuchte auf der Insel Kauai in Hawaii über einen Zeitraum von vierzig Jahren die Entwicklung von 698 Kindern, die 1955 geboren wurden und unter schwierigen sozialen Bedingungen aufwuchsen. Sie waren zahlreichen Risikofaktoren wie chronischer Armut, schwierigen Familienverhältnissen und einem geringen Bildungsniveau ausgesetzt. Während zwei Drittel der Kinder später starke Lern- und Verhaltensauffälligkeiten zeigten, an psychischen Erkrankungen litten oder straffällig wurden, wuchsen die übrigen Kinder trotz der erschwerten Bedingungen zu lebenstüchtigen Erwachsenen heran. „Diese jungen Leute waren – unseren Gesprächen nach zu urteilen – in der

Schule erfolgreich, fanden ihren Platz im Familien- und Freundeskreis und setzten sich nach Abschluss der Schule realistische Ziele für Ausbildung und Beruf", erklärte Werner.

Als die Entwicklungspsychologin der Frage nachging, warum diese Kinder trotz der schwierigen Umstände eine gesündere Entwicklung vollzogen als andere, erkannte sie, dass in ihrem Leben gewisse Schutzfaktoren die Wirkung der Risikofaktoren abschwächten. Als Schutzfaktoren identifizierte Werner positive Vorbilder, aber auch persönliche Eigenschaften der Kinder wie ein ruhiges Temperament, Anpassungsfähigkeit, Offenheit, Kontaktfreudigkeit, Selbstvertrauen. Am wichtigsten jedoch war die dauerhafte und verlässliche Beziehung zu einer stabilen und zugewandten Bezugsperson wie Mutter, Vater, älteren Geschwistern oder Großeltern: Sie trug dazu bei, dass die Kinder die Risikobelastung kompensieren konnten und im weiteren Verlauf keine Symptome entwickelten.

Es liegt also nahe zu vermuten, dass diejenigen Kriegskinder, die Erfahrungen wie Flucht, Vertreibung und Luftangriffe verhältnismäßig gut überstanden, über eine stabile Bindung an eine schützende Bezugsperson verfügten. Waren etwa die Mütter trotz der vielen gefahrvollen äußeren Einflüsse psychisch in der Lage, ihren Kindern ein Gefühl von Zugewandtheit und Sicherheit zu vermitteln, mögen diese Kinder belastende Situationen als nicht so schlimm empfunden haben. Eine stützende Familie im Hintergrund oder ein intaktes soziales Netz während Flucht oder Luftschutzkelleraufenthalt begünstigten dies sicherlich zusätzlich. So erinnert der ehemalige Bremer Bürgermeister Henning Scherf, geboren 1938, dass er als Kind die Kriegseinwirkungen in Bremen aufgrund der intensiven Beziehung zu Mutter und Großmutter als nicht ganz so schlimm erlebt habe: „Ich bin ein Kind gewesen, das 1938 geboren ist und den Krieg irgendwie überstanden hat, in einer geschützten Familie. Meine beiden Mütter, also Mutter und Großmutter, haben uns unglaublich beschützt. Wenn man heute die Fotos betrachtet, dann merkt man, dass wir Kinder immer ganz wohlgenährt aussehen. Wir haben Bäuche und richtige Wohlstandsgesichter" (Mauersberger: *Henning Scherf. Zwischen Macht und Moral. Eine politische Biografie*).

Als in zweifacher Hinsicht traumatisierend wirkt sich in Kriegszeiten der Verlust von wichtigen Beziehungen aus: Die Kinderpsychoanalytikerin Anna Freud beobachtete, dass Kriegskinder die Trennung von ihrer Bezugsperson als genauso traumatisch erlebten wie zum Beispiel Luftangriffe. In dem Buch *Heimatlose Kinder* schildert Freud, wie sie in dem von ihr gegründeten Kinderheim „Hampstead Nurseries" während der Angriffe der deutschen Luftwaffe auf London kleine Kinder betreute, die dort Schutz vor Bombardierungen fanden, dafür aber von ihren in die Kriegswirtschaft eingebundenen Müttern getrennt werden mussten. „Es scheint auf den ersten Blick, dass Kinder wenig Aussichten haben, den Krieg ohne Schädigung zu überstehen", schrieb sie. „Die in der Gefahrenzone bleiben, sind aller körperlichen Unbill ausgesetzt, leiden unter dem Kellerleben, teilen die Ängste und Aufregungen ihrer Mütter und reagieren auf die sich vor ihren Augen abspielenden Kriegsgräuel und Verwüstungen. Die evakuiert werden und körperliche Sicherheit haben, leiden unter dem Schock der Trennung und verlieren ihren seelischen Halt in den Jahren, in denen Stabilität der Verhältnisse und Beziehungen für die normale Gefühlsentwicklung unentbehrlich sind."

Inzwischen weiß man jedoch, dass ein gewisses Maß an Resilienz auch im Laufe des Erwachsenenlebens erworben werden kann. Das sind gute Nachrichten für die Kriegskinder und ihre Kinder, bedeutet es doch, dass wir unseren Prägungen nicht ausgeliefert sind. An einer schwierigen Kindheit, ob im Krieg oder im Schatten des Krieges, können wir wachsen. Selbst Bindungsverluste können teils kompensiert werden.

Ein gutes Beispiel dafür ist das Leben des renommierten Dirigenten Christoph Eschenbach, 1940 als Christoph Ringmann in Breslau geboren. Die drei wichtigsten Bezugspersonen verlor er vor seinem fünften Lebensjahr: Die Mutter starb kurz nach der Geburt, der Vater fiel an der Front und die Großmutter verstarb auf der Flucht. Als Waisenkind landete der fünfjährige Junge in einem Flüchtlingslager in Mecklenburg, wo er aufgrund des Schocks aufhörte zu sprechen und an Typhus erkrankte. Im Januar 1946 dann fand ihn eine Cousine seiner Mutter, die Sängerin und Pianistin Wallydore Eschenbach. Erst in ihrer Obhut begann er wieder zu sprechen: „Und zwar mit dem Wort ‚Ja' auf die Frage, ob ich selbst Musik machen wolle", erklärte Eschenbach in einem Interview in der ZEIT. „Die Eindrücke forderten Ausdruck. Musik gab mir diese Möglichkeit und öffnete das Ventil. Was normalerweise bei einem Kind als Interesse gedeutet werden könnte, war Obsession und zusammen mit neuem Lebenshunger Lebensantwort."

Das Kriegskind Eschenbach überwand die schrecklichen Erfahrungen seiner frühen Kindheit mit Hilfe der engen Beziehung zu seiner Adoptivmutter und der Liebe zur Musik, die für ihn zu einem Mittel wurde, seine unaussprechlich schmerzlichen Gefühle ausdrücken zu können. Nach dem Klavierstudium begann er zu dirigieren und leitete schließlich Weltklasse-Orchester wie das Houston Symphony Orchestra, das Orchestre de Paris und das Philadelphia Orchestra. Die Erfahrung des Leidens und der anschließenden Rettung durch seine Adoptivmutter hinterließen bei dem Dirigenten ein großes Gefühl der Dankbarkeit. Er sei durch diese Erfahrungen „sensibler für den Obdachlosen auf der Straße" geworden, erklärt Eschenbach. Auch hätte er aufgrund dessen eine bessere Wahrnehmung der intensiven Schönheit des Lebens erhalten: „Ohne kitschig zu werden: Ein Sonnenaufgang ist so etwas. Oder ein Tautropfen." Bis heute schenke ihm die Musik große Freude und diene als unerschöpfliche Kraftquelle.

Jeder Einzelne von uns, ob Kriegskind oder Kind von Kriegskindern, kann am Aufbau der eigenen Resilienz arbeiten. Die

Trauma-Expertin Luise Reddemann fordert in der psychotherapeutischen Arbeit schon lange eine Rückbesinnung auf die individuellen Ressourcen – die persönlichen Fähigkeiten und Fertigkeiten – eines jeden Menschen und erklärt, dass man Resilienz erlangen könne, wenn man sich zwar mit seinen negativen Gefühlen auseinandersetze und diese anerkenne, sie allerdings nicht verstärke. Stattdessen sei es wichtig, auch positive Gefühle aufzubauen, indem man herausfindet, was einem Freude macht, worin die eigenen Stärken liegen, welche guten Dinge man auch erlebt hat.

Als besonders hilfreich erachtet Reddemann eine kreative Auseinandersetzung mit dem eigenen Leid, etwa durch Musizieren, Malen, Schreiben, Handwerken, Gärtnern – alles, was uns in den Zustand des „Flow" versetze. In ihrem Buch *Überlebenskunst* schildert sie am Beispiel Johann Sebastian Bachs, wie man eigene Ressourcen finden und die seelische Widerstandskraft stärken kann. „Bach erlitt in seinem Leben immens viele Schicksalsschläge, er war bereits mit zehn Jahren Vollwaise, verlor seine erste Ehefrau und sieben seiner Kinder", erklärt sie mir in einem Interview für die Zeitschrift Psychologie Heute. „Und dennoch hatte er trotz allem unglaublich viel Selbstheilungskraft, um mit dem Schweren in seinem Leben fertig zu werden. Er nutzte seine kreative Arbeit, um sich mit Abschied und Sterben in seinem Leben auseinanderzusetzen. Dadurch, dass er seinen verzweifelten Gefühlen – zum Beispiel in seinen Kantaten – Ausdruck verlieh, fand er vielleicht auch wieder zu mehr Freude. Bach ist ein Vorbild dafür, wie jemand mit schweren Erfahrungen im Leben fertig wird. Trotz der tiefen Verzweiflung Bachs steckt in fast jeder noch so düsteren Passage seiner Musik auch immer ein wenig Freude – und sei es, durch die musikalische Struktur."

Doch Reddemann glaubt auch, dass man am Aufbau der eigenen Selbstheilungskräfte lebenslang arbeiten müsse, denn wenn man nichts dafür tue und ein stressiges Leben führe, baue sich die Resilienz wieder ab: „Deshalb ist es enorm wichtig, dass man sich sehr bewusst wird, was einen aufbaut und einem Kraft gibt. Und das sollte man dann auch wirklich praktizieren – zum Beispiel, indem man sich regelmäßig die Zeit für kreative Tätigkeiten einräumt."

Auch vielen meiner Gesprächspartner half das kreative Arbeiten bei der Bewältigung ihrer Lebensprobleme: Claudia und Andreas zogen Kraft aus der Malerei, Lena fand Erfüllung in ihrer künstlerischen Arbeit, für Gerhard war es wohltuend, seine Gedanken niederzuschreiben. Auch eine Psychotherapie erlebten viele von ihnen als hilfreich, um Klarheiten in das eigene „Gefühlswirrwarr" zu bringen. Nicht selten führte die Erkenntnis, dass die eigenen Lebensprobleme eng verwoben mit den emotionalen Erbschaften der Eltern waren, dann zu einer intensiven Auseinandersetzung mit der eigenen Familiengeschichte. Doris besuchte Archive und stieß durch die Beschäftigung mit den verlorenen Besitztümern ihrer Familie im Osten Deutschlands zu den Wurzeln ihrer eigenen Trauergefühle vor. Agnes recherchierte die Ankunft der Vertriebenen in Baden-Württemberg und erhielt somit Aufschluss über die schwierigen Lebensumstände ihrer Großeltern in den ersten Nachkriegsjahren, zur Zeit der Geburt ihrer Mutter. Gerhard begann, alte Briefe aus Kriegszeiten zu lesen, die ihm zeigten, wie wenig „kindgerecht" seine Eltern in diesen frühen Jahren gelebt hatten. Die nochmalige Auseinandersetzung mit der eigenen Geschichte im Rahmen der Interviews zu diesem Buch bestärkte einige meiner Gesprächspartner in ihrem Plan, ein noch intensiveres Gespräch mit den Eltern über deren Erfahrungen und die eigenen Prägungen zu führen.

Natürlich war das nicht immer einfach, doch es half, um sich von alten Wünschen und Trauergefühlen verabschieden und die Eltern als ihrerseits belastet betrachten zu können. „Ich verstehe meine Eltern jetzt", schrieb Doris mir in einer Mail. „Ich muss es nicht gutheißen, wie sie als Kind mit mir umgegangen sind. Aber ich verstehe jetzt, dass sie aufgrund dessen, was ihnen widerfahren ist, nicht anders konnten! Denn was haben sie für eine Anstrengung unternehmen müssen, um nach ihren Erfahrungen überhaupt wieder ins Leben zu kommen!"

Und auch für mich ist es nun viel leichter, meine Eltern so zu akzeptieren, wie sie sind. Ihr bisweilen schwer nachvollziehbares Verhalten kann ich nun besser einordnen – und ihre vielen guten Seiten deshalb umso mehr schätzen. Das Kind in mir, das nie genug bekommen hatte, kommt inzwischen nur noch selten zum Vorschein. Heute stehen wir uns als Erwachsene gegenüber.

Es gibt also einiges, was die Kinder der Kriegskinder tun können, um aus dem Schatten der Vergangenheit zu treten: Die Familiengeschichte erforschen, mit den Eltern sprechen, die Selbstheilungskräfte aktivieren. Wer diesen Weg nicht allein gehen mag, für den ist Hilfe da: Mittlerweile gibt es einige professionell geleitete Selbsterfahrungsgruppen für Kriegskinder, die offen für Angehörige der dritten Generation sind (einzusehen auf der Internet-Seite www.kriegskind.de). Auch die Journalistin Sabine Bode und ihr Mann Georg Bode, ein Familien- und Traumapsychotherapeut, bieten Seminare zur Biographiearbeit für die Jahrgänge der Kriegsenkel an (Termine auf www.sabine-bode-koeln.de). Vielleicht gelingt es uns mit Hilfe dieser Auseinandersetzung, bald auch die positiveren Seiten des Erbes unserer Eltern stärker in den Blick zu nehmen: Das politische Bewusstsein, dass viele Kriegskinder ihren Kinder vermitteln konnten oder die Fürsorglichkeit – wenn auch oft nicht auf emotionaler Ebene – durch die viele Kriegskinder ihre Kinder prägten. Denn wir haben dieser Generation viel zu verdanken. Ihre enorme Leistungskraft und ihr politisches und gesellschaftliches Engagement ermöglichten uns eine Kindheit in Frieden und Wohlstand. Den Krieg, den kennen wir nur aus ihren Erzählungen. Dafür können wir dankbar sein.

Ausblick:
Kriegskinder in Deutschland heute

Wenn Amir aus seinem Fenster schaut, sieht er nur einen kargen Bahndamm. Der 20-Jährige wohnt in der Flüchtlingsunterkunft der Stadt Flensburg, einem kleinen grauen Bungalow am Rande der Stadt, eingekeilt zwischen Autobahnzubringer und Bahngleisen. Gegenüber liegt das Obdachlosenheim. Meistens zieht Amir seine Gardinen zu, um nicht rausgucken zu müssen. Er lässt seine Blicke lieber auf den vielen Bildern ruhen, die an den Wänden seines winzigen Zimmers hängen: Zwei Poster von New York, eine große Karte von Deutschland und verschiedene Stadtpläne von Flensburg. Auf seinem Schreibtisch liegt das Grundgesetzbuch. Doch trotz aller Rechtgläubigkeit mag Amir seinen wahren Namen nicht nennen – zu groß ist die Angst, dass ihn seine afghanischen Verwandten in Deutschland finden könnten.

Vor vier Jahren floh Amir allein von Pakistan nach Deutschland. Eigentlich kommt er aus Kabul, wo sein Vater unter den Russen als Regierungsangestellter tätig war. Doch der Bürgerkrieg in Afghanistan zerstörte seine Familie: Amirs kleine Geschwister wurden von einer Rakete zerfetzt, sein Vater starb bei der Explosion des Wohnhauses. Amir floh mit Mutter und Schwester nach Pakistan zu seinem Onkel und lebte dort acht Jahre lang. Als er mit seiner Mutter nach Afghanistan zurückkehrte, um das Erbe des Vaters zu beanspruchen, gab es Streit mit der Familie des Vaters, einem Muschaheddin-Clan. Dabei wurde Amirs Mutter zu Tode getreten und er selbst mit Schihad belegt, Blutrache in der Familie. Sein pakistanischer Onkel riet ihm zur Flucht und lieh ihm 5.100 Dollar für die Schlepper. Fast drei Monate war Amir auf einer beschwerlichen Reise unterwegs, mit unterschiedlichen

Transportmitteln und manchmal auch zu Fuß. Was genau ihm auf dieser Reise passierte, darüber mag er nicht sprechen – zu schrecklich sind die Erinnerungen. In Hamburg setzten ihn die Schlepper schließlich ab. Amir ging zum Hauptbahnhof und stieg in irgendeine Bahn. Im Zug nach Flensburg griff ihn die Polizei schließlich auf und nahm ihn mit auf die Wache, wo man ihm zu essen und zu trinken gab.

„Ich konnte es gar nicht glauben", sagt Amir. „Sie haben mich nicht geschlagen, sondern mir einen Tee angeboten. Ich dachte nur: Hier möchte ich bleiben. Allah war mit mir." Amir bekommt ein Zimmer in einem Flensburger Kinderheim, wo er fünf Monate lang lebt. Man kümmert sich gut um ihn: Er lernt Deutsch, geht zur Schule und fühlt sich wohl. Die traumatischen Erlebnisse seiner Flucht verblassen ein wenig.

Amir Gafuri ist ein Kriegskind. „In Deutschland denkt man bei diesem Begriff an die, die vor 1945 geboren sind – in Erinnerung an den Zweiten Weltkrieg", erklärt der junge Afghane. „Doch Kriege und Kinder, die darunter leiden, gibt es überall, auch jetzt noch." Amir ist ein Kriegskind der Gegenwart. Er kommt aus einem anderen Kulturkreis, die politischen Hintergründe sind andere – aber in gewisser Weise sind seine Erlebnisse im Heimatland und auf der Flucht doch zu vergleichen mit den Erlebnissen der deutschen Kriegskinder gegen 1945. Auch er musste ohnmächtig miterleben, wie sein eigenes Leben zum Spielball der politischen Umstände wurde. Auch er sah Familienangehörige sterben, verlor seine Heimat, floh unter abenteuerlichen und mitunter lebensgefährlichen Umständen und musste ganz neu anfangen.

Viele der rund 200.000 in Deutschland lebenden Flüchtlingskinder haben ähnliche Erfahrungen machen müssen. Sie stammen aus den krisengeschüttelten Regionen dieser Welt, aus Afghanistan, dem Irak, Tschetschenien, dem Kosovo, Serbien, Bosnien, Vietnam, Westafrika oder Nordafrika – und haben oft bereits in jungen Jahren Schreckliches erlebt. Zwischen 5.000 und 10.000 von ihnen kamen wie Amir ganz allein nach Deutschland, ohne Begleitung durch Familien oder Aufsichtspersonen. Doch nur die wenigsten von ihnen finden in Deutschland wirklich einen sicheren Hafen. Im Gegenteil: Die Bedingungen, unter denen sie in Deutschland leben, aktivieren das Trauma oft nur neu.

Auch Amirs Sicherheit währt nicht lange. Am Tag seines 16. Geburtstags muss er aus dem Kinderheim ausziehen, in eine Flüchtlingsunterkunft für Erwachsene. Der Grund: Flüchtlinge über 16 Jahre gelten nach deutschem Ausländerrecht als ‚volljährig' und werden im Asylverfahren behandelt wie Erwachsene. Ein Skandal, denn laut der UN-Kinderrechtskonvention von 1989 sollen unbegleitete Flüchtlingskinder bis 18 Jahre besondere Schutz- und Hilfemaßnahmen genießen.

Deutschland ist das einzige europäische Land, das sich bei der Ratifizierung der UN-Kinderrechtskonvention die Ausnahmeregelung vorbehielt, zwischen deutschen und ausländischen Kindern zu unterscheiden. Daran hat sich bis heute nichts geändert. Sogar für Flüchtlingskinder, die mit ihren Familien einreisen, kann diese Regelung schlimme Konsequenzen haben: Sind sie 16 Jahre alt oder älter, können sie unter Umständen nach der Einreise anderen Städten zugewiesen werden – und somit von ihren Familien getrennt werden. Es kann auch geschehen, dass sie noch nach ihrem 16. Lebensjahr alleine abgeschoben werden, manchmal in Länder, die sie nie kennengelernt haben oder deren Sprache sie nicht beherrschen.

Für Amir ist das alles ein Schock: Wieder wird ihm der Boden unter den Füßen weggezogen, wieder ist er allein. In der Erwachsenenunterkunft wohnen hauptsächlich russische Männer, die bis spät in die Nacht gemeinsam trinken. Amir bekommt 183 Euro im Monat, isst jeden Tag Reis mit Eiern – aus Angst, am Ende des Monats kein Geld mehr zu haben. Sein Asylantrag wird abgelehnt. Amir wird schwer depressiv und geht nicht mehr zur Schule.

Schließlich greift Lifeline e.V. aus Kiel ein, ein ehrenamtlicher Vormundschaftsverein, der unbegleitete minderjährige Flüchtlinge in Schleswig-Holstein unterstützt und das leistet, was die Behörden nicht leisten können oder wollen: Hilfe bei Amtsangelegenheiten, Unterstützung bei der Beantragung von Deutschkursen, manchmal auch Seelsorge. Lifeline e.V. besucht Amir und besorgt ihm eine Vormündin, Christiane Boysen. Sie geht mit Amir zum Amt und meldet ihn an einer neuen Schule an – mit dem Ziel, den Hauptschulabschluss zu schaffen. Auch eine Hausaufgabenhilfe, Frau Martini, besorgt sie für ihn. Es geht wieder aufwärts, Amir arbeitet hart, um in der Schule den Anschluss zu finden. Nach der Schule besucht er den Mittagstisch des Flensburger Kinderschutzbundes und lernt anschließend mit Frau Martini. Doch nach nur ein paar Monaten muss Frau Martini aus Flensburg wegziehen, wieder eine Trennung, wieder ein Schock für Amir. Wenig später erhält er einen Brief von der Stadt Flensburg: „Wir sind zu dem Entschluss gekommen, dass Sie mit Vollendung Ihres 18. Lebensjahres zu dem vorrangig zurückzuführenden Personenkreis gehören und weisen Sie daher darauf hin, dass die vorübergehende Aussetzung der Abschiebung nach Ablauf nicht verlängert wird."

Amir verfällt erneut in eine Depression: Er kann nicht mehr schlafen, nicht mehr essen, nicht mehr sprechen und nicht mehr hören. Frau Boysen geht mit ihm zur Ambulanz für Kinder- und Jugendpsychiatrie und Psychotherapie in Flensburg. „Diagnostisch handelt es sich um somatisierte Ängste und Depressionen mit latenter Suizidalität im Sinne einer schweren posttraumatischen Belastungsstörung", schreibt der behandelnde Psychiater. „Herr Gafuri bedarf daher aus ärztlicher Sicht dringend der Fortführung einer qualifizierten psychotherapeutischen Hilfe. Soweit mir bekannt, scheint es unmöglich, dass er diese Hilfe in Afghanistan erhalten kann. Ohne eine solche Hilfestellung ist von einer weiteren massiven Eskalation und Gefährdung von ihm mit aller Wahrscheinlichkeit auszugehen."

Beim Amt stößt das Gutachten des Psychiaters auf taube Ohren. Amir soll abgeschoben werden, ob freiwillig oder nicht.

Amirs Geschichte ist bei weitem kein Einzelfall. Flüchtlingskindern in Deutschland geht es schlecht. Schuld daran sind auch die unsicheren Lebensumstände im Exilland. In einer Studie der Flüchtlingsambulanz des Universitätsklinikums Eppendorf und der kirchlichen Beratungsstelle Fluchtpunkt in Hamburg über den psychischen Zustand von Flüchtlingskindern konnte die Diplompsychologin Claudia Oelrich nachweisen, dass fast 63 Prozent der 51 von ihr befragten Kinder und Jugendlichen die wissenschaftlichen Diagnosekriterien für mindestens eine behandlungsbedürftige psychische Störung erfüllten. Über 43 Prozent der Kinder litten sogar an mehreren psychiatrischen Auffälligkeiten: Phobien, posttraumatische Belastungsstörungen, depressive Episoden und Trennungsangst rangieren dabei ganz oben auf der Skala der Diagnosen. Bei weiteren 21 Prozent der Kinder stellte die Psychologin Verhaltensauffälligkeiten und emotionale Probleme fest, fast 16 Prozent berichteten von psychosomatischen Beschwerden. Am schockierendsten aber ist wohl die Tatsache, dass Oelrich bei 19,6 Prozent der Kinder die Kriterien für ein gegenwärtiges Suizidrisiko gegeben sah – und bei 7,8 Prozent der Kinder sogar eine gegenwärtige hohe Suizidgefährdung beobachtete. Die Befragten waren zwischen neun und 19 Jahre alt, über die Hälfte von ihnen stammte aus Afghanistan. Fast alle Kinder verfügten zum Zeitpunkt der Befragung lediglich über eine Duldung, oft bereits seit vielen Jahren. Doch mit nur einer Duldung haben Flüchtlingsfamilien in Deutschland keine Zukunft: Die Eltern dürfen nicht arbeiten, ganz egal, wie lange sie schon hier sind. Die Kinder dürfen nach der regulären Schulzeit keine Ausbildung beginnen oder arbeiten. Und alle 12 Monate werden die Familien schriftlich daran erinnert, dass sie jederzeit abgeholt werden können, selbst wenn sie schon seit 20 Jahren in Deutschland leben.

Die Auffälligkeiten der Kinder wurden, so Oelrich, ganz wesentlich durch die spezifischen Lebensumstände mit beeinflusst: 86 Prozent der Kinder gaben an, nicht in ihr Heimatland zurückkehren zu wollen und 88 Prozent erklärten, Angst vor einer Abschiebung zu haben. Die Anzahl und das Ausmaß der Auffälligkeiten stiegen mit zunehmender Duldungsdauer. Wie hoch der Leidensdruck bei vielen Kindern und Jugendlichen angesichts der unsicheren Aufenthaltssituation war, zeigten auch ihre Antworten auf Oelrichs Frage, welche Wünsche ihnen denn eine gute Fee erfüllen solle: 31 Prozent der Kinder wünschten sich an erster Stelle einen deutschen Pass.

Wir sind eine Nation von Kriegskindern – und haben doch anscheinend aus unserer Geschichte nichts gelernt. Dabei liegt es an uns, diesen Kindern zu helfen. „Flüchtlingskinder brauchen in erster Linie Schutz, und den müssen wir als reiches Land auch bieten", erklärt der Psychiater Hubertus Adam, Leiter der psychiatrischen Ambulanz für Flüchtlingskinder und ihre Familien am Universitätskrankenhaus Eppendorf (UKE) in Hamburg. „Die Lebensumstände im Exilland sind ausschlaggebend für eine Stabilisierung oder Chronifizierung des Traumas: Haben die Kinder ständig Angst vor einer erneuten Abschiebung, hat eine Behandlung nur geringe Erfolgsaussichten. Wir können nicht zulassen, dass sich die Ausländerbehörden und Gesundheitsbehörden dieser Verantwortung entziehen."

In der Flüchtlingsambulanz versuchen die Therapeuten vor allem, die Kinder zu stabilisieren: Sie bauen Vertrauen zu den jungen Patienten auf, schauen, wo die Ressourcen der Kinder liegen und arbeiten mit den Eltern an einem „Behandlungsbündnis". Das ist nicht immer einfach, denn aufgrund der kulturellen Unterschiede können viele Missverständnisse entstehen. Die Ärzte und Therapeuten müssen sich Stück für Stück zu den traumatischen Ereignissen vortasten und das Erlebte spielerisch durcharbeiten. Doch nur die wenigsten Flüchtlingskinder bekommen die Möglichkeit, ihre Erlebnisse in einer psychotherapeutischen Behandlung zu bearbeiten. In weiten Teilen Deutschlands haben Flüchtlingskinder kaum Zugang zu therapeutischen Einrichtungen – vor allem, wenn sie in Sammelunterkünften auf dem Land wohnen.

Auch Kinder der zweiten oder dritten Generation bezeichnet der Psychiater Hubertus Adam noch als „Flüchtlingskinder" – denn auch sie sind lebenslang vom Schicksal ihrer Eltern geprägt. Oft müssen traumatische Erfahrungen der Familie verdrängt werden, damit die einzelnen Familienmitglieder im Exil handlungsfähig bleiben. Dann sind die Kinder die Symptomträger und leiden an Anpassungsstörungen, Somatisierungen, Depressionen. Die Familiengeschichte bleibt ein Tabuthema, doch die Kinder haben gleichzeitig das Gefühl, sich um die Eltern kümmern zu müssen. „Oft leiden sie unter der Rolle als ‚Hoffnungsträger' der Familien", erklärt Adam. „Viele entwickeln auch Schuldgefühle, weil sie glauben, dass sie den unausgesprochenen Rückkehrwunsch der Eltern in die Heimat verhindern." Und immer wieder begegnet der Psychiater in seiner Arbeit mit den Familien einem Grundkonflikt: darüber, ob die Exilanten es zulassen können, sich in die fremde Gesellschaft zu integrieren oder nicht. Den Kindern fällt es schwer, diese Ambivalenz in ihrem Alltag auszuhalten. Die Psychiater und Psychologen am UKE beziehen sich in ihrer Arbeit mit Flüchtlingskindern vor allem auf die transgenerationalen Forschungen über Holocaust-Überlebende. „Aus der Erfahrung des Holocaust und des Kriegs in Deutschland haben wir gelernt, dass ehemals verfolgte Flüchtlingsgruppen manchmal über Generationen Folge- und Anpassungssymptome zeigen", erklärt Hubertus Adam. „Es gibt eine Transgenerationalität von psychischen Traumata. Die zweite Generation kann also, auch wenn sie nicht direkt von den Traumata betroffen war, psychische Störungen zeigen." Wie eben auch die Kinder der deutschen Kriegskinder.

Der elfjährige Milan ist so ein Fall. Der Junge nimmt an der kunsttherapeutischen Gruppe für Flüchtlingskinder am UKE teil und wirkt auf den ersten Blick ganz ausgeglichen und fröhlich. Er ist vertieft in sein Bild, eine bunte Collage. Hin und wieder scherzt er mit seinen Tischnachbarn – auf Deutsch, denn Milan wurde in Hamburg geboren. Seine Eltern stammen aus Jugoslawien und flohen vor Krieg und Verfolgung nach Deutschland. Im Gegensatz zu ihnen hat Milan den Krieg nie erlebt. Dennoch ist der Junge schwer traumatisiert.

Vor wenigen Monaten, als der Abschiebebescheid für seine Familie in der Post lag, versuchte Milan, sich das Leben zu nehmen. Daraufhin wurde für den Jungen eine stationäre Psychotherapie in der Flüchtlingsambulanz des UKE genehmigt. „Kinder, die hier geboren wurden, sind oft sehr dramatische Fälle", sagt Kunsttherapeutin Bettina Dosch vom UKE. „Diese Kinder identifizieren sich mit Deutschland und haben einen Wahnsinnshorror davor, ins Land ihrer Eltern abgeschoben zu werden. Manchmal reicht das schon aus, um sie sehr krank zu machen." Doch häufig sind auch die Eltern nicht in der Lage, die Ängste ihrer Kinder aufzufangen: „Die Familien gehen oft unzureichend damit um", erklärt Bettina Dosch. „Da gibt es starke Verleugnungsmechanismen, so dass die Kinder die Probleme letztendlich auf ihren Schultern tragen."

Milan zumindest ist wieder auf dem Wege der Besserung – seine stationäre Therapie hat gut angeschlagen, wohl auch, weil die Abschiebung der Familie nach extensiver Lobbyarbeit von Psychologen, Ärzten und Flüchtlingsvereinen vorläufig ausgesetzt wurde. Dafür musste es allerdings erst zu einem Suizidversuch kommen.

Dass auch wir kriegsgeschädigten Deutschen von der generationenübergreifenden Weitergabe traumatischer Erfahrungen betroffen sind, haben die vorangegangen Kapitel gezeigt. Gerade angesichts der Tatsache, dass noch heute 30 Prozent aller im

Zweiten Weltkrieg geborenen Deutschen an den Spätfolgen ihrer Kriegserfahrungen leiden, ist unsere Flüchtlingspolitik jedoch kaum verständlich. Gerade wir hätten einen guten Grund, eine humanere Flüchtlingspolitik zu betreiben, die auf Stabilisierung und Aufarbeitung des Erlebten setzt statt auf „Abschiebung um jeden Preis". So könnte verhindert werden, dass die Flüchtlingskinder ihre traumatischen Erfahrungen an die nächste Generation weitergeben – und unter Umständen eine neue Spirale der Gewalt provozieren. Denn der Wunsch Ohnmachtserfahrungen und Verletzungen zu bewältigen, kann nur allzu schnell in ein Bedürfnis nach Rache münden – aus den Opfern von heute können die Täter von morgen werden.

Die Psychiater und Psychologen der Ambulanz für Flüchtlingskinder am UKE versuchen in ihrer Arbeit deshalb vorrangig, bei ihren jungen Patienten die Fähigkeit zur Versöhnung zu fördern: „Rache macht krank. Wenn wir Flüchtlingskindern hier Schutz bieten und ihnen helfen können, mit Gefühlen wie Wut, Rache und Hass umzugehen, dann fördern wir auch die Versöhnungsfähigkeit", erklärt Hubertus Adam. „Diese Kinder haben kulturell und sprachlich ungeheure Kompetenzen. Sie sind Brückenpfeiler. Ihnen zu helfen ist die beste Friedensarbeit, die wir leisten können."

Auch Amir ist so ein „Brückenpfeiler". Und dennoch wird es lange dauern, bis er wieder ein normales Leben führen kann, geschweige denn seine vielen kulturellen Kompetenzen ausschöpfen kann. Noch immer plagen ihn Ängste, Alpträume und depressive Verstimmungen. Er ist in psychotherapeutischer Behandlung und stabilisiert sich nur langsam. Doch eine Sorge ist Amir vorerst los: Die Ausländerbehörde Flensburg hat aus medizinischer Sicht einen Abschiebestopp verhängt, mit etwas Glück erhält der junge Afghane demnächst sogar eine Duldung. Grund dafür ist wohl die PR, die Amir mit seiner Geschichte aufwirbeln konnte: Er nahm an einem Wettbewerb der Anne-Frank-Stiftung zum Thema „Kriegskinder" teil – und gewann mit einem Text über seine Lebensgeschichte prompt den ersten Preis.

Amir durfte nach Berlin fahren und Horst und Eva Köhler die Hand schütteln. Als er dennoch wenige Wochen später von den Behörden zur unverzüglichen „Rückführung" nach Afghanistan aufgefordert wurde, begann auch die Presse, sich für Amirs Schicksal zu interessieren. Unter dem Druck der öffentlichen Aufmerksamkeit musste ein Amtsarzt der Stadt Flensburg schließlich bestätigen, dass Amir als Kriegskind schwer traumatisiert ist und vorerst nicht abgeschoben werden darf.

Dies ist schon ein erster Schritt. Noch schöner wäre es aber, wenn Amir nach dem erfolgreichen Abschluss der Hauptschule eine Lehre machen dürfte. Doch hier liegt die nächste Hürde: Amir darf keinem deutschen Schüler einen Ausbildungsplatz wegnehmen. Und Bafög bekäme er ohnehin nicht, denn um dies zu beantragen, müsste er Eltern haben, die bereits seit drei Jahren in Deutschland leben. Arbeiten darf er auch nicht – also ist Amir vorerst zu einem Leben auf Hartz IV verurteilt.

Aber der 20-Jährige gibt die Hoffnung nicht auf. Es gibt zwar viele schlechte Tage, aber dazwischen auch immer wieder gute. Er versucht, nach vorne zu schauen. Für die Zukunft hat er sich eine Menge vorgenommen: „Wenn ich in mein Land zurückgehe, werde ich ein guter Botschafter für Deutschland sein", schreibt er in seinem Aufsatz für die Anne-Frank-Stiftung. „Ich werde mich nicht an meinem Onkel rächen. Denn dann hätte er gewonnen. Ich will ein guter Mensch werden, dann hat er verloren."

Dank

Ich danke meinen Gesprächspartnern für ihre Bereitschaft, mir ihre Lebensgeschichten anzuvertrauen – sie ermöglichten es mir, über den eigenen Erfahrungshorizont hinauszublicken und das Thema in seiner Komplexität verstehen zu können. Meiner Lektorin Caren Hummel bin ich dankbar für die engagierte Begleitung und die vielen klugen Kommentare und Anregungen. Ich danke auch meinen Eltern und Geschwistern, die mich in vielerlei Hinsicht beim Schreiben dieses Buches unterstützten – angefangen bei lebhaften Diskussionen über unsere eigenen Prägungen bis hin zum Gegenlesen einzelner Kapitel, von zahllosen Babysitting-Diensten ganz zu schweigen. Besonderer Dank gilt außerdem meinem Mann Sven, der dieses Projekt in jeder Phase seiner Entwicklung begleitete, alles gegenlas, alles mit durchdachte – und dann auch noch kochte. Dieses Buch ist auch sein Buch. Und schließlich danke ich von Herzen meinen beiden kleinen Töchtern Mathilda und Helene, die in der einjährigen Schaffensphase viel „quality time" mit ihrer Mutter entbehren mussten und trotzdem bei bester Laune blieben.

Literaturverzeichnis

Anonyma: *Eine Frau in Berlin: Tagebuch-Aufzeichnungen vom 20. April bis 22. Juni 1945*. Berlin, btb, 2005

Astrid von Friesen: *Der lange Abschied: Psychische Spätfolgen für die 2. Generation deutscher Vertrieber*. Gießen, Psychosozial, 2000

Bar-On, Dan: *Die Last des Schweigens: Gespräche mit Kindern von Nazi-Tätern*. Frankfurt, Campus, 1993

Bar-On, Dan: *Furcht und Hoffnung bis zu den Enkeln des Holocaust*. Hamburg, Europäische Verlagsanstalt, 1997

Beevor, Anthony: *Berlin 1945: Das Ende*. München, C. Bertelsmann, 2002

Bode, Sabine: *Die vergessene Generation – die Kriegskinder brechen ihr Schweigen*. München, Piper, 2005

Borchert, Wolfgang: *Generation ohne Abschied*. In: Das Gesamtwerk. Reinbek, Rowohlt, 2001

Brisch, Karl Heinz: *Bindungsstörungen: Von der Bindungstheorie zur Therapie*. Stuttgart, Klett-Cotta, 1999

Browning, R.: *Ganz normale Männer*. Reinbek, Rowohlt Taschenbuch, 2001

Brunner, Claudia / von Seltmann, Uwe: *Schweigen die Täter, reden die Enkel*. Frankfurt, Fischer Taschenbuch, 2006

Chamberlain, Sigrid: *Adolf Hitler, die deutsche Mutter und ihr erstes Kind: Über zwei NS-Erziehungsbücher*. Gießen, Psychosozial, 1997

Dill, Gregor: „Notizen zur Geschichte der Haarer-Bücher im Dritten Reich und nach Kriegsende". In: Sigrid Chamberlain: *Adolf Hitler, die deutsche Mutter und ihr erstes Kind: Über zwei NS-Erziehungsbücher*. Gießen, Psychosozial, 1997

Fischer, Gottfried / Riedesser, Peter (Hg.): *Lehrbuch der Psychotraumatologie*. München, UTB, 1998

Fooken, Insa: „Späte Scheidungen als späte Kriegsfolgen? Kriegskindheitserfahrungen und Beziehungsverläufe". In: Ludwig Janus (Hg.): *Geboren im Krieg: Kindheitserfahrungen im 2. Weltkrieg und ihre Auswirkungen*. Gießen, Psychoszial, 2006

Freud, Anna: *Heimatlose Kinder*. Frankfurt, S. Fischer, 1982

Freud, Sigmund: *Totem und Tabu: Einige Übereinstimmungen im Seelenleben der Wilden und der Neurotiker*. Frankfurt, Fischer Taschenbuch, 1999

Gippert, Wolfgang: *Neue Tendenzen in der Täterforschung*. Siehe: http://www.shoa.de/content/view/594/45/

Glaser, Hermann: *Kleine deutsche Kulturgeschichte von 1945 bis heute*. Frankfurt, Fischer Taschenbuch, 2007

Grass, Günter: *Im Krebsgang*. München, dtv, 2004 (Steidl 2002)

Haarer, Johanna: *Die deutsche Mutter und ihr erstes Kind*. München, Lehmanns, 1938

Heinl, Peter: „*Maikäfer flieg, dein Vater ist im Krieg*": *Seelische Wunden aus der Kriegskindheit*. München, Kösel, 1994

Hitler, Adolf: *Mein Kampf.* München, Zentralverlag der NSDAP, 336. Auflage, 1938

Jaenecke, Heinrich: „Die Stunde Null". In: *GEO EPOCHE,* Nr. 9, 2002

Johr, Barbara / Sander, Helke: *Befreier und Befreite: Krieg, Vergewaltigungen, Kinder.* Frankfurt, Fischer Taschenbuch, 2005

Köttig, Michaela: „Die Bedeutung der intergenerationalen Weitergabe in Familien- und Lebensgeschichten rechtsextrem orientierter junger Frauen". In: Radebold/Bohleber/Zinnecker: *Transgenerationale Weitergabe kriegsbelasteter Kindheiten.* Juventa, 2007

Kossert, Andreas: *Kalte Heimat: Die Geschichte der deutschen Vertriebenen nach 1945.* München, Siedler, 2008

Lorenz, Hilke: *Kriegskinder: Das Schicksal einer Generation.* Berlin, List Taschenbuch, 2005

Marks, Stephan: *Warum folgten sie Hitler. Die psychologischen Ursachen des Nationalsozialismus.* Düsseldorf, Patmos, 2007

Mauersberger, Volker: *Henning Scherf. Zwischen Macht und Moral. Eine politische Biografie.* Bremen, Edition Temmen, 2007

Mitscherlich, Alexander und Margarete: *Die Unfähigkeit zu trauern. Die Grundlagen kollektiven Verhaltens.* München, Piper, 2007

Müller-Hohagen, Jürgen: „Übermittlung von Täterhaftigkeit an die nachfolgenden Generationen". In: Radebold/Bohleber/Zinnecker: *Transgenerationale Weitergabe kriegsbelasteter Kindheiten.* München, Juventa, 2007

Paul, Gerhard: *Die Täter der Shoa.* Göttingen, Wallstein, 2002

Radebold, Hartmut/Bohleber, Werner/Zinnecker, Jürgen (Hgs.): *Transgenerationale Weitergabe kriegsbelasteter Kindheiten.* München, Juventa, 2007

Rauschning, Harald: *Gespräche mit Hitler.* Wien, 1940

Reddemann, Luise: *Überlebenskunst.* Stuttgart, Klett-Cotta, 2007

Schönfeldt, Charlotte: „Kriegskinder und transgenerationale Verflechtungen". In: Ludwig Janus (Hg.): *Geboren im Krieg: Kindheitserfahrung im 2. Weltkrieg und ihre Auswirkungen.* Gießen, Psychosozial, 2006

Schulz, Hermann/Radebold, Hartmut/Reulecke, Jürgen: *Söhne ohne Väter: Erfahrungen einer Kriesgkindergeneration.* Berlin, Ch. Links, 2007

Senfft, Alexandra: *Schweigen tut weh.* Berlin, Claassen, 2007

Soerensen-Cassier, Dagmar: „Transgenerationelle Prozesse von NS-Traumatisierungen". In: Hartmut Radebold (Hg.): *Kindheiten im Zweiten Weltkrieg und ihre Folgen.* Gießen, Psychosozial, 2004

von der Stein, Bertram: „Flüchtlingskinder: Transgenerationale Perspektive von Spätfolgen des Zweiten Weltkrieges bei Nachkommen von Flüchtlingen aus den ehemaligen deutschen Ostgebieten". In: Radebold/Bohleber/Zinnecker: *Transgenerationale Weitergabe kriegsbelasteter Kindheiten.* München, Juventa, 2007

Welzer, Harald: *Opa war kein Nazi. Nationalsozialismus und Holocaust im Familiengedächtnis.* Frankfurt, S. Fischer, 2002

Welzer, Harald: *Täter: Wie aus ganz normalen Menschen Massenmörder werden.* Frankfurt, S. Fischer, 2005

Werner, Emmy E.: *Vulnerable, but Invincible: A Longitudinal Study of Resilient Children and Youth*. McGraw-Hill, 1981

Wirth, Hans-Jürgen: „Kriegskinder an der Macht: Die Folgen traumatischer Erfahrung in der Politik". In: Ludwig Janus (Hg.): *Geboren im Krieg: Kindheitserfahrung im 2. Weltkrieg und ihre Auswirkungen*. Gießen, Psychosozial, 2006

Allein machen sie dich ein

Henning Scherf
Gemeinsam statt einsam
Meine Erfahrung für die Zukunft
220 Seiten | Paperback
ISBN 978-3-451-06515-6

Henning Scherf ist eine Leitfigur unserer Gesellschaft. Er stellt dem allgemeinen Pessimismus seine positive Sicht entgegen. Wir selbst sind die Lösung der Krise. Nicht: Jeder für sich und alle gegen jeden, sondern Helfen, denn gegenseitige Unterstützung tut not. Das gilt im Kleinen und Großen, in der Familie, in der Nachbarschaft, in der ganzen Gesellschaft.

In jeder Buchhandlung

HERDER
Lesen ist Leben

www.herder.de

Männer nach dem Job

Eckart Hammer
Das Beste kommt noch –
Männer im Unruhestand
Erfahrungen –
Orientierungen – Tipps
180 Seiten | Paperback
ISBN 978-3-451-06495-1

Was tun Männer, wenn morgens der Wecker nicht mehr klingelt? Nach seinem Erfolgsbuch »Männer altern anders« bietet Eckart Hammer nun Anregungen, Tipps und Berichte für die nachberufliche Zeit. Ungeahnte Potenziale an Erfüllung und Selbstbestimmung lassen sich realisieren.

In jeder Buchhandlung

HERDER
Lesen ist Leben

www.herder.de

Medizin mit Herz

Dietrich Grönemeyer
Mensch bleiben
High-Tech und Herz –
eine liebevolle Medizin ist
keine Utopie
224 Seiten | Paperback
ISBN 978-3-451-06540-8

Eine menschliche Medizin mit Herz ist möglich – auch in unserem Gesundheitswesen. Davon ist der bekannte Mediziner und leidenschaftliche Arzt Dietrich Grönemeyer überzeugt. Welche Möglichkeiten es gibt, was sich ändern muss und kann, das beschreibt er sehr genau. Grönemeyers leidenschaftliches Plädoyer für eine Medizin mit Herz: Damit Heilung gelingt.

In jeder Buchhandlung

HERDER
Lesen ist Leben

www.herder.de

Printed in Great Britain
by Amazon.co.uk, Ltd.,
Marston Gate.